「つい自分を後回しにしてしまう」が変わる本

JN121944

あさ出版

相手が不機嫌になったら
イヤだ…

これで丸く収まるなら…

人に気を遣いすぎて
疲れるなぁ…

相手も大変だし…

自分のやりたいことが
わからない…

あなたは、
人を優先して
つい自分を後回しに
していませんか？

また今日も引き受けちゃった…

自分のことをする時間がない…

私ばっかり我慢している気がする…

自分の意見が言えない…

私、誰にも大切に
されていない気がする…

プロローグ

「自分の仕事もあるのに頼まれると断れなくて、また帰りが遅くなってしまった」
「いつも子どもや夫を優先していて、自分の時間がなかなか取れない」
「希望を聞かれても遠慮してしまい、思っていることを言えない」
「自分の気持ちよりも相手の意向を汲んだけれど、報われていない感じがする」
「お願いしたら迷惑かなと思うと、頼めない」

本書は、このような、**「人を優先して、つい自分を後回しにしてしまう」**方に向けて書きました。

私は、これまでカウンセラーとして、延べ3500人以上の方に、心の癒しやお悩み解決のためのカウンセリングセッションを行ってきました。

その中で、人を優先しすぎて自分のことができず疲れ切ってしまっている人や、人のために頑張っているのに報われないなあと感じている人が多くいることに気づきま

プロローグ

した。

人を優先して自分を後回しにすること自体に問題があるわけではありません。人を優先できるのは、その人に対してやさしい思いを向けられるからこそで、素晴らしいことです。

ただ、人にやさしさを向けるがために自分が疲れてしまっては問題です。

もし、あなたが、「自分もそれでいいと思って始めたのに、なんだか気持ちがハッピーじゃない……」などのように感じて心が苦しいのなら、自分らしく人生を生きることができていないと言えるでしょう。

思い当たるなら、この本でお伝えする内容をぜひ、お試しいただきたいと思います。本の内容を実践していただけたら、きっとあなたも、自分を優先できるようになり、毎日を自分らしく、ハッピーに生きることができるようになります。

実は私自身、かつては、堂々と自分を優先して結果的に欲しいものをゲットしていく（ように見える）人たちを、「いいな〜」とうらやましく思って見ていました。

でも、自分を優先するのはよくないことのような気がしていたので、なんとなく罪悪感を持ってしまい、実際には自分を優先することなんてできませんでした。

幼少の頃から、本当の自分がなかなか理解されない、場にうまくなじめないといった感覚が強かった私は、その「生きづらさ」や「こんな私ではダメだ」という不足感を払拭しようと、学生時代、そして大人になってからも、「もっともっと頑張って、よりよい自分にならなくては！」と、とにかく一生懸命頑張って、なんとか生きてきました。

おかげで、仕事やプライベートはそれなりに充実したものの、だんだんと苦しさが増すようになりました。ただがむしゃらに「もっと頑張れ」と自分に鞭打つことに疲れ果ててしまったのです。人に甘えることも苦手だった私は、立ち止まらざるをえなくなりました。

今までのやり方では、うまくいかない。

かといって、どうしたらいいかわからない……。

そんなときに、ふらっと立ち寄った書店で1冊の本と出会いました。

コロンビア大学医学部医療心理学科の教授二人の共同作業によってもたらされた

プロローグ

〝A Course in Miracles〟（邦題は『奇跡のコース』／ナチュラルスピリット刊）です。日本では知名度は高くありませんが、世界27の言語で翻訳されており、自己啓発の分野の世界的リーダーをはじめ、本の内容を実践した多くの人の人生に、劇的な変容をもたらしている本です。

この本を読んで、心の仕組みや意識の本当の力を初めて知った私は、本に書かれていた内容を早速実践しました。すると、私の中で、過去のつらい出来事に対する捉え方や人に対する見方が根本から変わり、葛藤や苦しみがどんどん楽になっていったのです。

その後、ご縁があり、『奇跡のコース』の関連本を翻訳させていただいた私は、私の人生を変えた考え方と方法を多くの方と分かち合いたいと、心理カウンセラーとして、カウンセリングセッションを始めました。

クライアントさんのお悩みの中で特に多いと感じるのが、冒頭に書いたような、「人を優先して、つい自分を後回しにしてしまう」というものです。

自分を後回しにして、人に譲ったり、遠慮したりしてしまうことが、知らず知らずのうちに習慣となって、ふと気づけば、「自分はどうしたいのだっけ？」「私の楽しみってなんだっけ？」と、自分のことがわからなくなってしまっている人も少なくありません。

この本を手に取ってくださっているということは、あなたも心当たりがあるのではないでしょうか。

自分を後回しにしてしまう人は、相手が今どういう状態で、何を望んでいるのか、場の雰囲気がどうであるのかといった、「外」に対して敏感に察知する能力が高いため、常に意識が外に集中しています。

その分、自分、つまり「内」には意識が向かないので、無意識に自分の気持ちを押し殺して自分を後回しにしてしまうのです。

精神的、物理（時間）的に、相手に自分を明け渡しすぎてしまうので、自分がしたいことをする時間が全然取れない、自分がしたいことをする前に疲れ切ってしまって、もう何もする気力がないというような状態に追い込まれてしまいます。

また、人のためにたくさんのことをして貢献しているにもかかわらず、自分のしたいことやすべきことは進まないので自己評価も低くなってしまうのです。

それでは、いつかあなたが倒れてしまいます。

では、どうすれば自分を優先できるようになるのでしょうか。

人を優先して自分を後回しにしてしまう人は、**歪んだ「思考の癖」**があります。

歪んだ思考の癖とは、「〜すべき」「そうしないと欲しいものが手に入らない」という**「恐れ」をベースにしたものの見方**のことです。

恐れがベースになってしまうと、人や出来事に対して恐れを感じてしまうため、自分を優先することができません。

人はもともと誰もが、自分も相手も大切にできる愛をベースにした見方ができます。ところが、様々な経験を積むことで、恐れをベースにした見方になってしまうことがあります。

言い換えると、恐れをベースにした見方を、愛をベースにした見方へと変えれば、人だけでなく、自分のことも大切にして、自分を優先できるようになります。

私自身、歪んだ思考の癖を変えたことで、とても大きな癒しと安心感を得て、自分らしく生きる人生へと舵を切ることができました。

私は、この考え方と実践したワークを、クライアントさんにもお伝えしました。

すると、次々と歪んだ思考の癖から抜け出し、職場で自分の意見を言えるようになったり、新しいポジションを任されるようになったり、以前からの夢であった独立に向けて具体的な行動が取れるようになったり、また、自分の時間を取れるようになって趣味を極めて人に教えることを始めたりと、多くのクライアントさんが笑顔とともに新しい自分の人生の扉をどんどん開いていったのです。


この本では、私と多くのクライアントさんの人生を変えた考え方と、クライアントさんに実際に行っていただいて有効だったワークを**「心の旅」**と称し、7つのステップに落とし込んで紹介しています。

私が伴走いたしますので、一緒に心の旅に出かけましょう。

7つのステップの概要は次のようになっています。

ぜひ、一つずつ実践しながら読み進めていってください。

ステップ1　今の自分を見つめる

実際にあった事例をいくつか紹介しますので、人を優先して自分を後回しにしてしまう人の心がどのような状態なのかを、客観的に見ていきましょう。

事例を読み進めながら、今の自分はどんなことを感じるのか意識してみてください。

ステップ2　過去の親との関係を振り返る

子どもの頃の親との関係を振り返ることは、人間関係における思考の癖を紐解いていくのに役立ちます。お母さん、お父さんとの関係は、現在の思考の癖に大きな影響を与えています。自分を後回しにする思考の癖のきっかけを見つけていきましょう。

ただ、そういうことがあったなと、振り返るだけで十分です。

ステップ3　自分の価値を認める

自分を優先することができるようになるには、見失ってしまっている自分の価値に気づいて認め、受け入れる必要があります。

自分の頑張りを認め、自分で自分を満たす考え方や方法をご紹介します。自分は、優先していい大切な存在であると認めることが大事です。

ステップ4　自分を優先するために心を整える

自分を後回しにしてしまう人は、相手の言動を基準に自分がどうするかを決めていて、「相手に振り回されている」と感じることが多くあります。

その原因と対策を知り、自分を優先できるよう心を整えていきます。

ステップ5　自分軸で人と付き合う

自分の気持ちを優先しながら、どのように人と付き合っていけばよいかを具体的にお話しします。自分と人との間に健全な境界線を引き、与えることと受け取ることのバランスの取り方を学びます。

ステップ6　うまくいかないときの対策

自分を優先するという新しい試みに取り組むと、気持ちが上下しやすくなり、うまくいかないときや、あきらめてしまいたくなるときもあるでしょう。

そんなときにも継続して自分を優先するには、どうすればいいのかをお話しします。自分を後回しにする思考の癖を解放する道具、「愛のメガネ」についてもご紹介します。

ステップ7　幸せになることを許す

自分を後回しにするのをやめ、自分を優先するようになると抱きやすいのが、罪悪感です。罪悪感があると、人に遠慮してしまい、幸せに生きるのが難しくなります。自分を優先しながら人ともつながり、幸せに生きるためのヒントをお伝えします。

＊＊＊

これら7つのステップを実践したあとには、あなたの心の窓に心地よい新しい風が吹くことでしょう。

では早速、自分という存在を優先して幸せに生きることができる未来に向かって、一緒に心の旅へと出発しましょう。

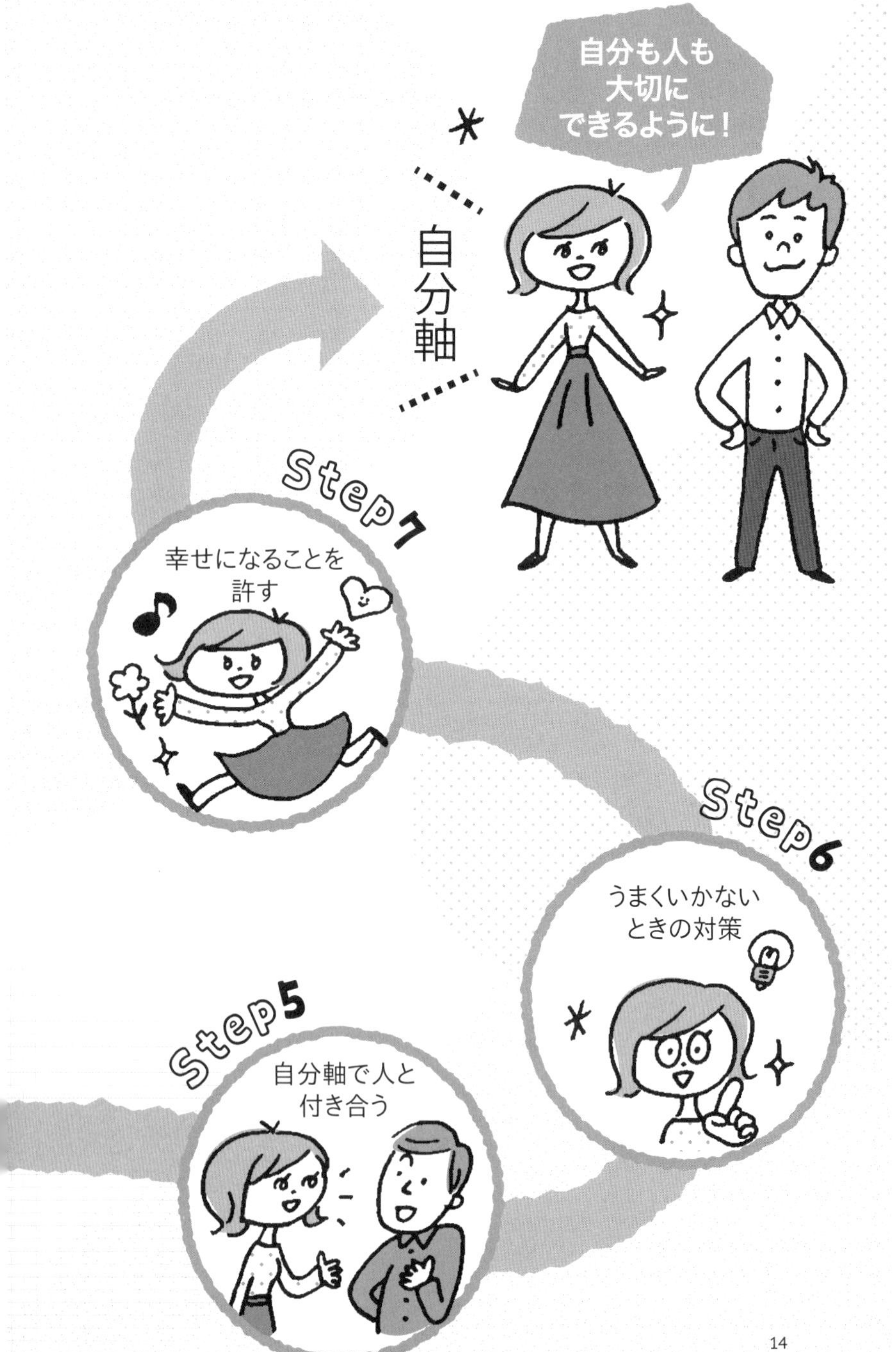
自分も人も
大切に
できるように！
自分軸
Step7
幸せになることを
許す
Step6
うまくいかない
ときの対策
Step5
自分軸で人と
付き合う

心の旅ロードマップ

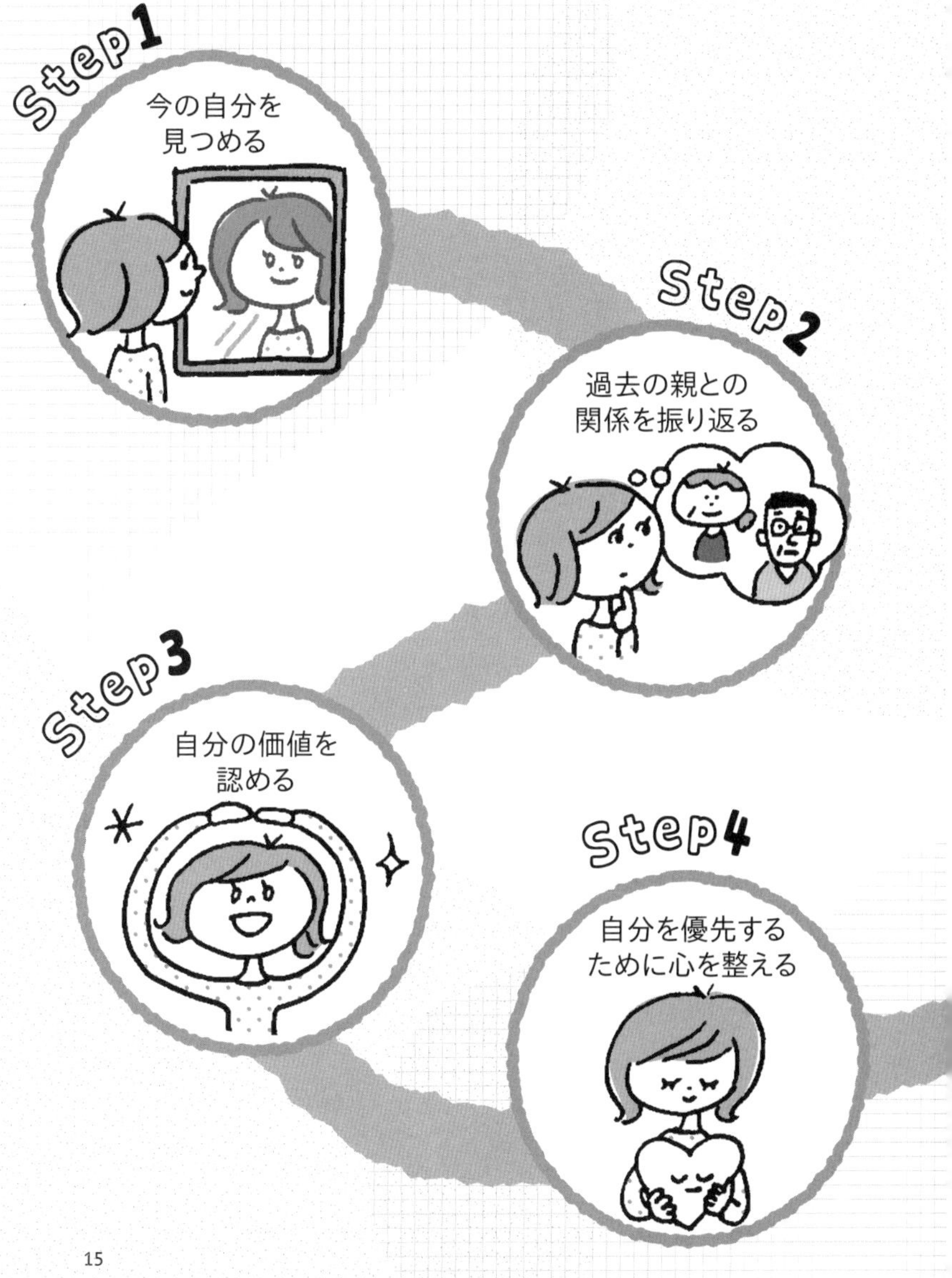
Step1
今の自分を
見つめる
Step2
過去の親との
関係を振り返る
Step3
自分の価値を
認める
Step4
自分を優先する
ために心を整える

ステップ1 今の自分を見つめる

Contents

ステップ2
過去の親との関係を振り返る

ステップ3
自分の価値を認める

Contents

ステップ 4
自分を優先するために心を整える

ステップ5
自分軸で人と付き合う

Contents

ステップ6
うまくいかないときの対策

ステップ7
幸せになることを許す

本文イラスト／北村友紀

ステップ

1

今の
自分を
見つめる

人を優先してしまうときの自分を振り返る

人を優先して自分を後回しにしてしまう人は、いつも意識のアンテナが、他人や外に向いていて、頭を忙しく働かせています。

相手の状況や気持ちを察しては、「本当はこうしたいんだけど、相手はこうだろうから、自分はこうしよう」と、まず相手のことを考え、それから自分が何を言うか、どう行動するかを決めています。

他人軸で生きているのです。他人軸とは、「他人がどう思うか」「他人がどう評価するか」を基準に、自分の言動を決めることです。

他人軸で生きるようになると、自分の思っていることを発言したり、行動したりすることが難しくなり、自分の人生なのに「自分の思うように生きられていない」ように感じてしまいます。

ステップ1では、自分の「内」を見つめることから始めましょう。

それが、自分を後回しにしてしまう人が、自分の気持ちを大切にしながら、豊かな人間関係を築き、自分らしく生きるための第一歩になります。

「自分を後回しにしてしまう」とお悩みのクライアントさんの事例をいくつかご紹介しますので、自分を後回しにする人がどのような心理状態にあるか、また、その心理状態がどのような「思考の癖」により引き起こされているかについて、まずは見ていきましょう。

自分に似たような経験がないか、もし自分だったらどうするか、どう思うかを考えながら読み進めてみてください。

ケース1 断れなくて、頼まれるままやってしまう

ある女性の職場での体験です。

「帰り際、仕事を頼まれることがあります。大変そうなので手伝ってあげたいと思うけれど、今日はもう疲れたし、早く帰って休みたいと感じることが多いです。でも、

そこで断ると、自分の居場所がなくなってしまうのではないか、自分は必要ないと思われてしまうのではないかという不安が出てきて、断れません。
自分が疲れていると、断るパワーがなく、さらにどんどんいろいろなことを頼まれてしまいます。あきらめて頼まれるままにすべて引き受けていると、さらにどっと疲れてしまって、家に帰ると倒れこむように寝てしまいます」

自分を後回しにしてしまう人は、やさしく、察する能力が高いため、相手の状況を容易に想像できます。そのため、頼まれると自分が大変でも断れないことが多くあります。

彼女は、相手の話を聞けば聞くほど、「大変そうだから手伝ってあげたほうがいいよね」「私がこの部分を手伝ってあげたら早く終わるんじゃないか」など、相手が実際には口に出していないことまでも汲み取って考えてしまって、断われなかったと言います。

察する能力が高いことは長所や強みにもなりますが、自分の気持ちを後回しにしたまま相手に寄り添いすぎると、自分を疲れさせることになりかねません。

彼女のように、相手の状況を汲み取って考えてしまう人は、**相手の要望に応えなかったら、「自分の居場所がなくなってしまうのではないか」「次は声をかけてもらえないかもしれない」「自分は必要ないと思われてしまうかもしれない」と恐れる思考の癖**があります。

この思考の癖があると、自分に負担が大きくかかることでも、つい無理をしてしまうのです。

ケース2 場の調和を乱したくないので、黙っている

ある男性は、こんな体験をしました。

「新しいプロジェクトに参加することになり、ミーティングが増えたんですが、その場で自分の意見を言うことに躊躇《ちゅうちょ》してしまいます。

相手が求めていることや期待していることを考えてしまって、違う意見を言ったら、相手の機嫌や場の雰囲気が悪くなってしまうのではないかと思ってしまうんです。

結局、ほかの人の意見に同調してしまうのですが、意見を言えない自分を嫌だなあ

と感じます」

彼は、人の意見を優先し、自分の意見を後回しにしてしまう状況を自らつくってしまっていました。

職場に限らず、どんな場所にも自分と違う考え方をし、違う価値観を持つ人たちはいます。

自分よりも人を優先する人は、相手の意向や期待がわかるからこそ、自分を貫くことで相手が不機嫌になったり、場の調和が乱れることをできるだけしたくないと考え、行動します。

相手を優先することで、その場がまとまり、皆が喜ぶならば、そうしたほうがよいと思ってしまうのです。

こうした考えの人は、**調和が崩れることや対立、争いになることを恐れる思考の癖**があります。

この思考の癖があると、言いたいことがあってもぐっと飲み込んで、自分の中に溜め込んでしまい、結局ストレスを抱えることになってしまいます。

ケース3 遠慮して、自分の希望を言えない

家族の意見を優先して、自分の意見を言わずにいた女性の事例です。

「週末に家族で外食するときは、平日忙しい夫のことを思い、まず夫に何を食べたいか希望を聞いているのですが、いつも夫と息子の食べたいものが違って、小さないざこざになります。それを毎回、私が間に入って調整していました。最近はすっかり調整役みたいになってしまって、家族の誰からも、何を食べたいのか聞かれなくなり、なんだか寂しいです。

また、近所に住む義父母から時折、食事のお誘いがあるのですが、何を食べたいか聞かれても、自分の意見を言えず、逆に、義父母たちの希望を聞き返していました。最近は意見を聞かれることもなく、これを食べに行きましょうと、あちらで決めたうえで連絡が来るようになりました」

相手を気遣っていたら希望や意見がないと思われ、意見を聞かれることがなくなってしまった。なんとも切ない体験ですね。

「遠慮しないで、好きなものを選んで」と言われても遠慮してしまい、「自分はどれでもいい」とか、「残ったものでいいです」と言ったり、自分がいいなと思うものがあっても気を遣って、いちばん人気がなさそうなものを選んでしまうというのも同じです。

希望や意見を聞かれても、はっきり言わなかったり、「なんでもいいです。お任せします」というような内容の返事をし続けていると、相手はあなたのことを「なんでもいい人」「自分の意見のない人」と、認識するようになってしまいます。

そして、聞いても意味がないと判断し、あなたの意向を聞こうという発想すら、彼らの頭には浮かばなくなってしまいます。

彼女のように、自分の希望や意見を言えない人は、**「自分には優先するほどの価値がない。だから、自分の意見は後回しでよい」という思考の癖**があります。

この思考の癖があると、他人を優先したとしても、心がスッキリせず、不満や寂しさを感じることになってしまいます。

ケース4 人のために頑張りすぎて、自分のことは後回し

二人のお子さんを持つワーキングマザーは、こんな体験をしていました。

「毎日が家族優先でまわっています。仕事して、家事をして、子どもの習いごとの送り迎えをして、疲れて寝落ち。どれも自分で望んで始めたことだし、子どもの習いごとを通じて、私の世界も広がったので、それはそれで楽しいです。でも、自分のための時間がなかなか持てません。

子どもと一緒に寝ているのですが、朝起きると、自分は布団の端で寝ています。こんな狭いところで寝ていたのかと、自分でもびっくりします。それが嫌とかではないのですが、毎日続くと、隣で一人のびのびと寝ている夫がうらめしく思えてきます。

いつの間にか、『私の楽しみって何だっけ?』と、わからなくなってしまった自分がいます。子どもの成長を見守ることだけ? それはそれで、いちばんの楽しみだけど、ただ、それでいいのかと思う自分もいて……」

もう一人、自分のためにお金をかけられないという女性の事例もご紹介しましょう。

「子どものものだったら、悩まずにお金を使おうと思えるのに、自分が欲しいものは、我慢してしまいます。『自分のための買い物を最後にしたのはいつだっけ？』と首を傾げてしまうほどです。

必要なものであっても、自分のものはちょっとでも安くならないかと、お金をかけることを気にして、自分が本当に欲しいものとは違っても、安ければそれでいいやと妥協してしまいます」

この二人の女性のように、家族ができてから、特に自分のことが後回しになっていると感じている方は多いのではないでしょうか？

そう感じるのは、必要以上に相手を優先していて、自分に向ける意識と相手に向ける意識のバランスが崩れているサインです。

こういう状態に陥りやすい人は、**「自分のことが後回しになっても仕方ない」という思考の癖**があります。

この思考の癖があると、自分が疲れていたり、キャパシティがいっぱいになってしまっていても、人を優先して行動します。しかし、自分に余裕がないため、最初は自分でそうしたくて喜んで始めたことも、どこかで無理や我慢が生じ、不満や空しさを感じるようになってしまいます。

ケース5 人に頼ったり、甘えたりするのが苦手

なんでもかんでも自分一人で抱え込んでしまうという女性の体験です。

「人に何か頼もうかなと思い立っても、迷惑かもとか、断られるんじゃないか、嫌な顔をされるんじゃないかなど、すぐ、ネガティブなことを考えてしまいます。そのうち、面倒になって、どんなに自分が大変でも、助けてほしくても、結局、頼むのをやめてしまいます。

最近は、相手が不快な思いをしていないかなど、相手の感情の部分まで気になってしまい、疲れることがわかっているので、人に助けてもらおうという発想自体がもはやないです。仕事でもプライベートでもそうです。自分一人でやるのは大変だけれど、そのほうが気は楽ですね」

自分を後回しにしてしまう人の中には、人に頼まなくても、実際、自分でやれてしまう、「できる人」が多くいます。「手伝おうか？」と言われても、「大丈夫、大丈夫」と答えてしまいます。

そんな人は、人との距離がなかなか縮まらない、関係が深まらないと感じて、寂しい思いをしているかもしれませんね。

相手にどう思われるかを考えすぎて、お願いすること自体が面倒になってしまう、あるいは、お願いするとなっても、どう話したらうまくいくのかと相手の反応をあれこれ考えて、やたらまわりくどい言い方になってしまうという人は多いのではないでしょうか？

そのような人は、**「自分が我慢をすればいい」という思考の癖**があります。

この思考の癖があると、最初は仕方ないと納得しているつもりでも、無理をしているので、相手が厚かましく感じられ、だんだんと腹立たしく思えてきます。

さらに、それが続くと、自分ばかりが犠牲になっているという思いも強くなってしまいます。

ケース6 「自分を後回しにするのはよいことだ」と信じている

「人を優先して、自分は後回し。それが普通だと思って生きてきた」という、ある女性のお話です。

「幼い頃から、親に褒められることばかりして、自分のしたいことをしたことがなかった気がします。無意識のうちに、いつも自分のことより、周囲に目がいっていました。相手の顔色をうかがっていたんだと思います。それがいいことだと思っていたんです。

友人のお祝いごとにはプレゼントを欠かさないなど、できるだけ気を遣ってきました。『ありがとう』とは言われますが、自分には全然してくれません。

自分は友人のことを思って、できるだけのことをしているのに、相手は自分と同じようには返してくれないことに、なんだかとてもがっかりしてしまいます。報われないなあと思ってしまうんです」

もし心からそうしたくて、相手を優先しているのなら、「自分ばかり我慢している」

「相手がお返ししてくれなくて自分だけ損をしている」というような思いは、出てきません。

そういう思いがある人は、**「自分を優先することはよくないこと。わがままで自分勝手なことで、するべきではない」という思考の癖**があります。

この思考の癖があると、自分の素直な気持ちが、だんだんわからなくなってしまいます。

さて、ここまで、自分を優先できない方の事例を6つご紹介しましたが、いかがでしたでしょうか?

ご紹介した事例の方々のように、自分を優先できない方はとても多くいます。

自分も同じ体験をしている、似たような経験をしたことがある、もしくは、自分の場合はここがちょっと違うな、などと感じることもあるかもしれません。

あなたが自分を後回しにしてしまうのは、どんな思考の癖が原因でしょうか。日頃の自分を振り返ってみましょう。

自分を振り返ると、あまり気分がいいものではないなあと思ったり、ちょっと心が痛いなあと感じるかもしれません。
あるいは、こんな自分はダメだなあなんていう思う方もいるでしょう。
どんな思いが出てきても、そんなことを思ってはいけないなどと否定したりせずに、
ただ、「今、自分はそう思っているんだな」とやさしく受け止めてあげましょう。
まずは、**自分の思考の癖に気づく**だけで十分です。

意識を「外」から自分に戻す

日頃の自分を振り返ってみて、毎日すごく神経を使っていて疲れているなと感じたり、ちょっと休みたいなと思っていることに気づいた方もいるかもしれません。

ある女性は、「仕事がある日は一日中忙しく、自分の気持ちについてゆっくりと考える時間がありません。そんな状態が続きすぎていて、ネガティブな思考の渦に飲み込まれていくように感じます」と話していました。

自分を後回しにしてしまう人は、繊細で、他人や周りの状況を敏感に感じ取って、先のことまで思考を展開させるので、常に頭が忙しく働いています。

そのため、ちょっと立ち止まり、自分と向き合う時間をつくることが大切です。自分と向き合う時間は、「ほかの人のことを考えていない=自分を優先している時間」になるからです。

他人や周りの状況、つまり外に向いている意識を自分の内に向ける方法の中から、すぐにできることを2つご紹介します。

1. 深呼吸をする

いちばん簡単な意識のリセット方法は、深呼吸です。

深呼吸はどこででもできる手軽な方法ですが、ゆったりとした気持ちで自分に意識を向けられるように、最初は1日の終わりに、自室や誰もいないリビングなど、周りの目が気にならないような静かな環境で、テレビやラジオ、音楽も止めて行うのがおすすめです。

慣れてきたら、日中でもご自身のタイミングで行っていただくとよいでしょう。

1〜2分で終わりますので、その間、丁寧に自分に意識を向けてあげましょう。

①椅子に腰かけたら、力を入れずに背筋を伸ばし、両手のひらを上に向けてそれぞれ左右のももの上に置きます。そのまま、目を閉じます。

②ゆっくり息を口から全部吐き切ります。吐き切ったと思っても、さらにもう一息、吐きます。
③息を吐き切ったら、ゆっくり7つ、頭の中で数えながら鼻から息を吸い込みます。
④続けて、ゆっくり7つ、頭の中で数えながら、細くなが〜く口から息を吐きます。
⑤③④を5〜6回繰り返します。

吸う息、吐く息に意識を向けながら、できるだけゆっくり行いましょう。息を吐くときは、疲れが吐く息とともに自分の中から出ていくのをイメージして、しっかり吐き切ることがポイントです。

深呼吸をしていると、だんだんと心が落ち着いてきて、体が軽くなっていくのを感じるはずです。

呼吸に意識を向けるだけで、外に向かっていた意識が自分の内に戻ってきます。

深呼吸を行う際には、例えば森林浴をしてマイナスイオンをたくさん吸い込んでいるイメージや、行ってみたいビーチでくつろいでいる自分をイメージするなど、心地よいと感じる場所、お気に入りの場所で気持ちよく過ごしている自分をイメージしな

意識のリセット方法「深呼吸」

Point1

心地よいと感じる場所やお気に入りの場所にいる自分をイメージして行うのがおすすめです。

Point2

吐く息とともに自分の中にある疲れが出ていくのをイメージして、吐き切ることを意識しましょう。

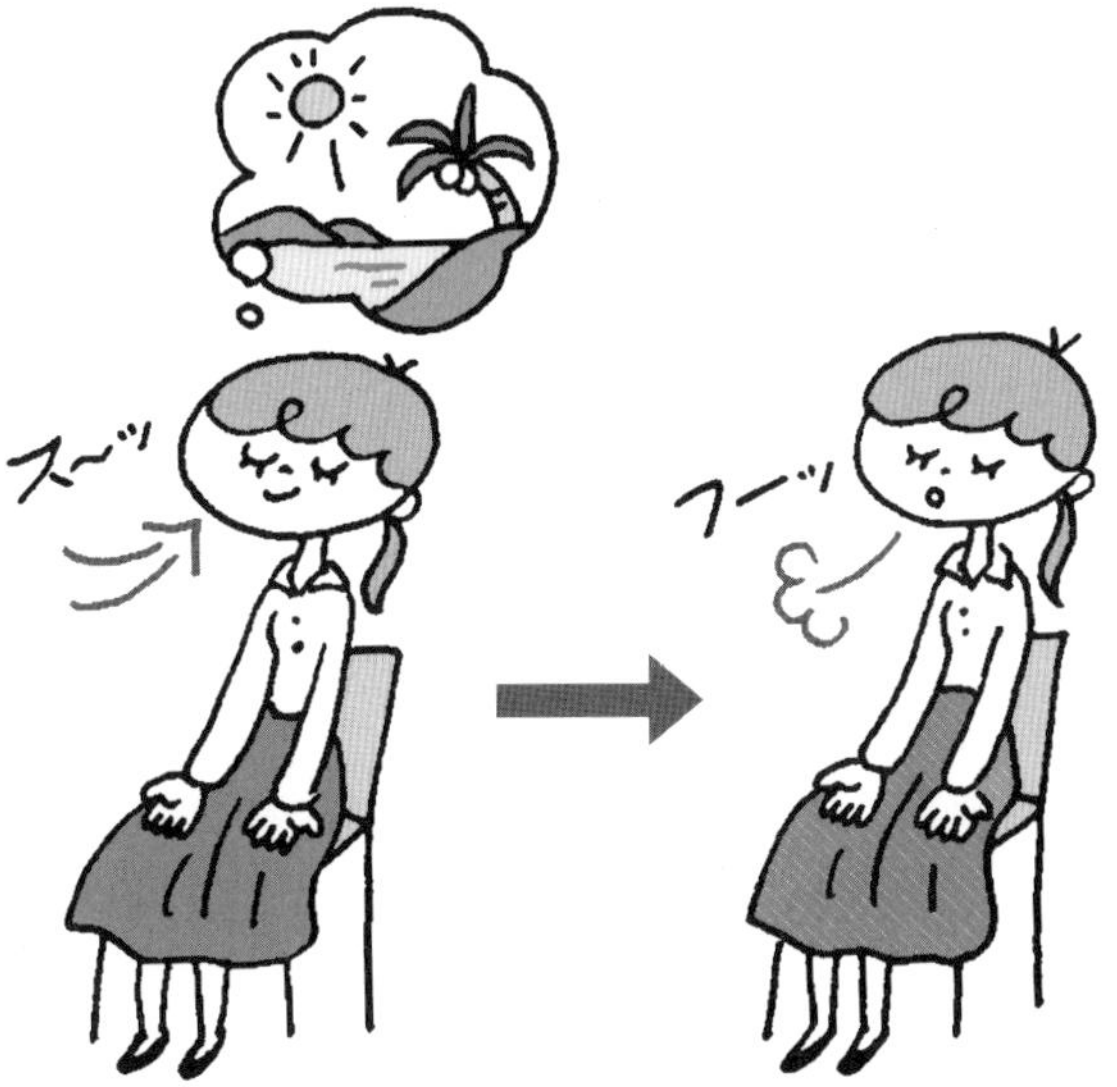

ゆっくり息を口から全部吐き切る。
続けて、ゆっくり7つ、頭の中で数えながら鼻から息を吸い込む。

ゆっくり7つ、頭の中で数えながら細く長～く口から息を吐く。
これを5～6回繰り返す。

がら行うのがおすすめです。

自分が気持ちよくいられる場所をイメージすることで、体が緩み、意識がより、自分に戻ってきます。

2.ゆっくり味わって飲む

お茶やコーヒー、紅茶、ハーブティーなど、自分がほっと一息つける、温かい飲み物を「ゆっくり」味わう時間を持つことで、意識はリセットされます。

お気に入りのカップを使い、香りや味、温度、カップの触り心地や見た目など、あなたの五感をフルで働かせて、様々な感覚を味わいましょう。その間は、外に向かっていた意識が自分に戻り、自分と向き合うことができるはずです。

クライアントさんには、まず3分でも5分でもよいので、ゆっくりと温かい飲み物を飲む時間を持ってもらうようにしています。

「たったそれだけで?」と思うかもしれませんが、実践した多くの方が、「心にゆとりが生まれ、自分を振り返る余裕が出てくる」「自分の中でぐるぐるとしていた思考が落ち着く」と、意識を自分に向けることができています。

「深呼吸をする」「ゆっくり味わって飲む」。

どちらも、その行為自体に感覚を集中すること、同時に自分の体がどう感じているかに意識を向けることがポイントです。

ステップ1は、ここまでです。

日頃、自分を後回しにして頑張っている自分、そして、ステップ1を行えた自分に、**「お疲れさま。今日も頑張ったね」**と声をかけて、ぜひねぎらってあげてくださいね。

ステップ2では、「つい自分を後回しにしてしまう」という思考の癖について、過去の親との関係を振り返りながら、新たな気づきのヒントを探していきます。

自分を優先できるようになるための ワーク1

ステップ1では、自分を優先するためには、自分に意識を向けることが大切だということをお話ししました。

今の自分を見つめるために、以下のワークをやってみましょう。

1．あなたは、どんなときに、「人を優先して、自分を後回しにしている」と感じますか？　自分を後回しにしてしまうのは、どんな思考の癖があるからだと思いますか？　日頃の自分を振り返ってみましょう。

2．ゆったりとした気持ちで深呼吸を５～６回行いましょう。

3．温かい飲み物を「ゆっくり」味わい、自分に丁寧に接する時間をつくりましょう。

ステップ

2

過去の
親との関係を
振り返る

自分を優先しなくなったのは、いつ頃からですか？

ステップ2では、自分の過去を振り返っていきます。

ステップ1で、人を優先して、自分を後回しにしてしまうのは、

「そうするのはよいことだから、そうすべき」

「そうしないと嫌われてしまう」

「自分の希望を優先して、その場の調和が乱れてしまったら面倒」

などと考えてしまう「思考の癖」があるからだとお話ししました。

こうした「思考の癖」は、往々にして「過去」に原因があります。

「自分を後回しにしてしまう」と相談にみえる方に、「それはいつ頃からですか？」と聞くと、子どもの頃からだとお話しする方が大多数です。

さらに詳しく聞いていくと、親との関係について触れる方が多くいらっしゃいます。

自分を後回しにしてしまう人は、自分よりも人を優先すべきだと、子ども心にそう思わざるをえない経験を繰り返すうちに、自分を後回しにする思考や行動がパターン化した可能性があります。

人は、よくも悪くも過去の経験に影響を受けて生きています。とは言っても、過去にあった出来事を分析して原因探しをするわけではありません。

ステップ2では、子どもの頃の家族との関係や出来事を中心に振り返っていきます。子ども時代の自分に意識を向け、「ああ、そういうことがあったなあ」と感じるだけで十分です。

子ども時代のことを振り返るのは、あまり気が進まない、嫌な出来事を思い出したくないという方もいらっしゃるかもしれません。もし、途中で心に痛みを感じたなら、そんな自分もやさしく、よしよしと受け止めてあげてください。

親との関係は、どのようなものでしたか？

私たちが、どのような思考の癖に基づいて行動しているかを探るとき、特に、幼少の頃の両親との関係が大いにヒントになります。

距離的にも近く、また、密接である親子間では、思考の癖や行動パターンがわかりやすく表われることが多いからです。

ここでは、自分を後回しにしてしまう人たちの子どもの頃のお母さん、お父さんとの関係をいくつか事例を挙げながら見ていきます。

読み進めながら、自分の親との関係を思い出してみましょう。

過去の親との出来事、経験が、今の自分の思考にどのような影響を与えているかを知るきっかけとなるはずです。

ケース1 お母さんに、甘えることができなかった

ステップ1で振り返ったように、人を優先して自分を後回しにしてしまう人の行動パターンの一つに、人に頼ったり、甘えたりするのが苦手というものがあります。「頼み方、甘え方がわからない」のです。

そのような方のお話をうかがうと、大多数が、子どもの頃に、「親に甘えた記憶がない」と言います。

人に「お願い」と言えないというある女性は、お母さんから愛情を受けた記憶がないと教えてくれました。

「子どもの頃はお母さんが厳しく、『きちっとしなさい』と怒られてばかり。言動を常に監視されているような気がしていました。

楽しいことをして笑っているのはダメで、何か人のために役立つことをしていないと、怒られると思うようになりました。

また、好奇心旺盛な子どもだったので、お母さんに『なんで？　どうして？』など、たくさん質問することがありましたが、答えてもらえませんでした。

お母さんには、もっと抱きしめてほしかったし、『わかるよ～』と言ってほしかったです。自分が泣いても、お母さんは来てくれなかったし、褒められたことは一度もありませんでした」

もう一つ、事例をご紹介します。

人に助けを求めるのが苦手で、家事も仕事も一人で抱え込みがちなある女性は、お母さんとの関係をこのように振り返っていました。

「今まで、あまり自覚はなかったんですけど、振り返ってみると、子どもの頃、母親に甘えることができていませんでしたね。母親は家事で忙しすぎて、全然ゆとりがなかったんだと思います。弟が産まれて、さらに母が病気になったことで、私は一時期、親戚の家に預けられていたこともあります。母親にやさしくしてもらった記憶がありません」

厳しかったり、忙しくて構ってもらえなかったなど、なんらかの理由で親に甘えることができなかった場合、人にお願いをしたり、甘える方法がわからないのも不思議ではありません。

甘えた経験が極端に少ないと、「自分は愛されていない」「こんな自分には価値がない」という思いが、知らず知らずのうちに心の奥底に溜まっていきます。

甘えられなかった経験は、**「こんな自分がお願いしたら、人に迷惑なんじゃないか」「こんな自分を優先するなんて……」という思考の癖**につながっていきます。

この思考の癖があると、人に頼りたい、甘えたいという思いがあっても、寂しさを抱えながら自分一人で頑張ってしまいます。

ケース2 喜ばせたかったのに、かえってひどい結果になった

子どもの頃のこんな体験を話してくれた女性がいます。

「お母さんに喜んでもらえるかなと、一生懸命考えて、用意したプレゼントを渡したら、喜ぶどころか、自分の好みではないと、文句を言われてしまいました。次の機会に、もっとよく考えて用意したんですが、また文句を言われ、いらないとまで言われ

てしまいました。その後、あれこれ考えては、これならいいんじゃないかと用意したものも、ことごとく喜んでもらえず、拒否され続けました。どんなに頑張っても、喜んでもらえない、受け取ってもらえないことに自分の気持ちが踏みにじられた気がしたものです」

どんなに一生懸命頑張っても、決してお母さんを満足させられないという絶望感。お母さんの顔色をうかがったり、自分の好意を受け取ってもらえなかった経験は、大人になって、**人に嫌われたくないという思考の癖**につながっていきます。

この思考の癖があると、嫌われないように、必要以上に相手の顔色をうかがうようになります。そして、「こんなに自分は頑張っているのに、それをわかってもらえない」という思いが募り、わかってくれない相手に対して怒りを感じたり、理解してもらうことをあきらめて、これ以上自分が傷つかないよう、無意識に心のシャッターを閉めてしまいます。

ケース3 親を困らせたくなくて、いい子にしていた

「お母さんが大変そうだったので、甘えたかったのを我慢して、兄弟の面倒をみるようにしたり、学校で嫌なことがあっても、家では明るく振る舞ったりしていました。私の欲しい服や欲しいものを、お母さんが買ってくれると言っても、お金がなくなってしまって、お母さんが困るかもしれないので、『いい、いらない』と遠慮していました。お母さんに苦労をかけたくなかったから……」

こんなふうに、家族にもずっと遠慮してきたという女性がいます。

お母さんを助けたい。迷惑をかけたくない。そんなやさしい思いを持っているため、子どもらしいわがままを言うことができなかったそうです。

この幼少の頃の経験は、**「相手を困らせたくないから自分が我慢する」という思考の癖**につながっていきます。

この思考の癖があると、欲しくてもいらないと言ってしまうなど、自分の希望や正

直な気持ちを表現することを抑えてしまったり、遠慮しすぎて人からの好意を受け取ることができなくなったりしてしまいます。そして必要以上に相手に配慮して、自分を後回しにする行動パターンが身についていきます。

ケース4　両親の仲が悪く、いつも愚痴や悪口を聞かされていた

ある女性は、子どもの頃の家族関係を振り返って、こう教えてくれました。

「お父さんが仕事で忙しく家にいないことがほとんどで、お母さんはそのことについて、よく文句や愚痴をこぼしていました。また、自分の兄弟との仲も悪かったお母さんは、子どもの私の前でもよく兄弟喧嘩をしていましたね。大人の喧嘩を見せられるのはすごく嫌でした。

長女だった私は、常にお母さんの愚痴の聞き役となり、弟や妹にも気を遣っていました。幼い頃から、いかに家族を平和にするかが、自分にとってとても重要だったんです。本当は大学生の頃に、この役割はもう嫌だと思って、反抗したこともありましたが、うまくいきませんでした。

大人になった今も実家に帰ると、お母さんの気持ちや状況を察しては、機嫌を損ねないように先回りして行動してしまい、どっと疲れます」

両親の仲が悪いと、子どもはそれをなんとかしようと、親の愚痴を聞いたり、励ましたりと、親の相談相手であるかのように、大人の役割を引き受けてしまうことがあります。

彼女は、その役割を子どもの頃から、一生懸命やってのけてきたのです。

お母さんの様子を常にうかがいながら、家族の中で立ち回ってきた彼女にとって、自分よりも人を優先することは、文句や愚痴、喧嘩といった、自分が見たり聞いたりしたくない状況をなんとか平穏に変化させるための手段でもありました。

子どもは両親に仲良くしてほしいという気持ちから、自分が家族の調整役になろうとします。これは子どもの愛からの行動です。

こうした経験は、**「みんなが仲良くなり、この場が平和になるなら、自分が犠牲になってもいい」いう思考の癖**につながっていきます。

この思考の癖があると、自分のことよりも周囲の人の様子が気になり、たとえ、その場しのぎであっても、場が平和であることが自分の中での最優先事項になります。

自分のいる場に不穏な空気が流れないよう、常に、人に合わせたり、先回りして状況を読んで、人があまりやりたくないような損な役回りを引き受けたりしてしまいがちになります。

ケース5 支配的な親が怖くて、いつもビクビクしていた

お父さんが大声で怒鳴る、お酒を飲んでは暴れる、暴力をふるう、お母さんが叩く、言葉の暴力をふるう、支配しようとする、自分の気に障ることがあると急に怒り出す、そのような環境の中で子ども時代を過ごしたという方もいらっしゃるかもしれません。

こうした環境で育った子どもは、お母さんやお父さんの機嫌を損ねないように、常にビクビクして、緊張して過ごすようになります。

お母さんから、「クズ、トロい」、何かやろうとしても「あんたにはその資格はない」と言われ続けていたという女性は、「周りに迷惑をかけるのではないかと思って、何

かやろうとしてもできないでいるうちに、自分が何が欲しいのか、どうしたいのかがわからなくなってしまいました」と言います。

感情的で支配的な親は、なにかと自分の意向に子どもを従わせようとするところがあり、こうした親を持つ子どもは、いくら自分の気持ちを優先させようとしても挫折してしまうことが多くあります。

こうした経験は、**人の顔色をうかがったり、自分の希望を通したら怒られるかもしれない、迷惑がられるかもしれないという思考の癖**につながっていきます。

この思考の癖があると、自分のやりたいことやこうしたい！　という気持ちを押し込めてしまうので、自分が本当は何をしたいのか、わからなくなってしまいます。やりたいことが自覚できていても、そんなことは無理、自分にはできない……とあきらめの気持ちが先行してしまい、チャレンジする気持ちも削がれてしまいます。

いかがでしたか？

お母さん、お父さんとの関係は、どのようなものだったか、思い出したでしょうか？

どのケースを見てもわかるように、子どもは、親が大好きです。無条件に好きです。

だからこそ、子どもは、親を困らせるようなことはしたくないと考え、いい子でいようとするのです。

子どもの頃、寂しさを我慢したり、親の顔色をうかがうようになったのも、お母さん、お父さんに笑顔でいてもらいたい、幸せでいてほしいという思いがあるからこそです。

自分を後回しにしてしまう癖は、もともとは愛からの行動であるということを心にとめておきましょう。

ここまで、親との関係を振り返ってきましたが、読みながら、祖父母や兄弟姉妹との関係を思い出したという方もいらっしゃるかもしれません。

その場合は、祖父母や兄弟姉妹との関係で思い出したことを当てはめながら、振り返ってみてください。

「ありのままの自分ではダメ」という病

過去の親との関係を振り返ってわかるように、人は、子どもの頃に親の影響を大きく受けます。

親から言われたことや体験した出来事を通して、「自分は認められていない」「親の気に入るようにしないと、受け入れてもらえない」「こんな私では迷惑かけてしまう」などと思うようになり、これが、恐れをベースとする歪んだ思考の癖となっていきます。

そうして、「ありのままの（このままの）自分ではダメなのだ」「自分には何かが足りないのだ」と思い込み、その言葉を無意識のうちに自分の中で繰り返し再生してしまいます。

特に幼少の頃は、親の存在が自分の世界のすべてのように感じられるため、親から受けた言葉や出来事から得たメッセージを、**自分なりに「解釈」して、**どんどん吸収し、心に溜めていきます。

さらには、成長するにつれ、学校や友人たちといった様々な外野から、自分のいいところよりも、ダメなところを指摘されることが多くなると、「今の自分ではいけないんだ」「よりよい自分にならないと」という自己否定の思いをより、強くしていきます。

こうして、今の自分、つまり、ありのままの自分ではダメだという思考が、知らず知らずのうちに形成され、すべてにおいて考え方の基本となります。

私はこれを、**「ありのままの自分ではダメ病」**と呼んでいます。

「ありのままの自分ではダメ」という自己否定の思いが強くなると、自分の心の声を無視したり、押し殺したりするようになります。そして、どうしたら人に認めてもらえるのか、受け入れてもらえるのかと、懸命に相手のニーズや気持ちを察して、そればかりに合わせるようになっていきます。

自分に対して否定的であることが通常になっていると、自分の気持ちを優先したいと思っても、なかなか行動できません。できたとしても、罪悪感を抱えてしまいます。

なぜなら、その裏には、

「こんな私が自分を優先して何かを選ぶなんて申し訳ない」

「正直なありのままの自分でいては受け入れてもらえない」

というような思いが隠れているからです。

普段の生活の中で、

「相手に嫌われないように、相手の希望に合わせておこう」

「自分の正直な気持ちを言ったら、相手を不快にさせるかもしれないから、遠慮しておこう」

「相手が去っていってしまうかもしれないから、ありのままの自分の気持ちは言わないでおこう。そうなったら、自分が傷つくから」

「私なんかに誘われても、相手は嬉しくないかもしれない。声をかけるのはやめよう」

というような思いが出てきたときは、ただ、「(自分は)相手に嫌われたくないと思っているのだな」「(自分は)相手に迷惑と思われないかと気になっているのだな」など、自分の中にある思いを、そのまま受け止めてあげるようにしましょう。

自分を優先できない人の多くは、「ありのままの自分ではダメ病」にかかっているだけなのです。

この病の本質は、**本当にありのままのあなたがダメなのではなく、ただ、あなたの中にそういう思いがあり、その考え方をあなたが信じているということ。**

つまり、ありのままの自分ではダメだという考えは、ただの歪んだ思考の癖なのです。

過去の親との関係を振り返ることで、そのことに気づくことができます。

すると、「なんだ。自分は、『ありのままの自分ではダメ病』にかかっていただけなんだな」と、その呪縛から解放され、自分を肯定できるようになっていきます。

自分の中にある思いをそのまま受け止めてあげよう

嫌われるかも……
ダメだ……
私なんて……
「ありのままの
自分ではダメ病」
にかかっていただけ
なんだな〜

自分を優先できるようになるためのワーク2

ステップ2では、親との関係を振り返り、過去の親との関係が、自分を後回しにする思考の癖にどのように影響しているかを見つめました。

以下のワークをやってみましょう。

1．子どもの頃、お母さんとの関係はどのようなものでしたか？　印象に残っていることを書き出してみましょう。

2．子どもの頃、お父さんとの関係はどのようなものでしたか？　印象に残っていることを書き出してみましょう。

3．親に遠慮したり、気を遣ったりして、自分の気持ちを我慢したり、後回しにしたりしていなかったか、考えてみましょう。

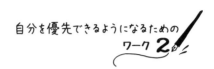

ステップ

3

自分の価値を認める

自分の価値を見失うと「本当の気持ち」に気づけなくなる

ステップ2では、自分の思考の癖を解き放つためのヒントを求め、子どもの頃の親との関係を振り返り、客観的に眺めることを行いました。

あなたが自分を後回しにしてしまうのは、「ありのままの自分ではダメ病」という病気にかかっているがために、自分の価値を長い間、見失っていたからだとわかりました。

この病によって、「自分には価値がない」と思い込んだまま、自分を後回しにし続けると、心がいずれ枯渇してしまいます。

心が枯渇すると、生きづらさや苦しさを感じたり、自分が本当はどうしたいのかがわからなくなってしまいます。

そうして、ますます自分を優先できなくなってしまうのです。

自分を後回しにしてしまう人は、相手の反応や気持ち、感情まで先読みし、それによって自分がどう振る舞うかを決めています。

自分の価値を認めていないと、言動の判断基準が他人中心になり、**人の気持ちや反応ばかりを考えて、自分の「本当の気持ち」に耳を貸さなくなってしまいます。**

自分が自分のいちばんの味方でなくてはいけないのに、自分の声を無視して、自分を裏切っているのですから、苦しくて当然です。

自分軸を確立し、自分を優先できるようになるためには、見失ってしまっている自分の価値に気づいて認め、自分には価値がないという思い込みを取り除き、枯渇してしまっている自分の心を満たすことが大切です。

そのとき初めて、自分の「本当の気持ち」にも気づけるようになります。

ステップ3では、その方法をご紹介します。

心のコップの水の量はどれくらい？

まずは、今のあなたの心の状態を見てみましょう。

自分の心が完全に満たされている状態を、コップに水が完全に満ちている状態だとすると、今、あなたの心のコップには、どれくらい水が入っている状態だと感じますか？　深く考えずに、直感でよいので考えてみましょう。

クライアントさんにこの質問をすると、２〜３割と答える方が多くいらっしゃいます。つまり、心が２〜３割しか満たされていないということです。

心のコップの水が少なければ少ないほど（心が満たされていないほど）、心は枯渇し、疲れてしまいます。

そのため、水が少なくなったときは、趣味を楽しんだり、ゆっくり休んだり、おいしいものを食べたり、誰かに相談したりと、自分の心が満たされることをして、コッ今、あなたの心のコップに入っている水はどれくらい？

プの中の水を満たす必要があります。

ところが、人を優先して自分を後回しにしてしまう人は、どんなに自分のコップの水が少なくなっていても、自分の心を満たすことを後回しにして、人を優先してしまいます。当然、水はさらに少なくなってしまいます。これは、自分の心の水をほかの人に分けているのと同じです。

人に水を分けても、自分の水を増やせるなら問題はないでしょう。

ただ、この補充を人にしてもらおうとするとうまくいきません。なぜなら、あなたが人に水を分けたように、相手があなたにも水を分けてくれるかどうかはわからないからです。

人の心には、自分が考えるように相手も考えるだろうと思ってしまう、**「投影」**という法則が働いています。

「自分だったら相手がこうしてくれたら、絶対に気がつく」「自分だったら相手がこう言ってきたら、これはこういうことではないかと思って、気を遣って相手に確認してみる」など、自分にとって当然の相手への気遣いや配慮を、相手も自分にしてくれるはずだと思うのです。

ところが、現実にはそうではないことが多々あります。みんなが、あなたのように気がついて配慮するわけではないからです。

自分の期待する反応がないと、その相手に対して、「自分ばっかりバカみたい」と腹が立ったり、「どんなにやっても報われないなあ」と空しくなったり、わかってもらえない悲しみを感じてしまうでしょう。

また、自分を後回しにして人を優先したときに、その自分の行動に相手が気づいてくれて、感謝してくれたり、喜んでくれたりするとも限りません。

ものすごく気を遣って考えた結果のあなたの行動も、相手に喜んでもらおうとしてあなたが行ったことも、まったく相手に伝わらないかもしれないし、感謝されるどころか、かえって嫌味や文句を言われてしまう、なんてこともあるのです。

もしかしたら、あなたも経験があるのではないでしょうか。これでは余計に疲れてしまいます。

自分の心が枯渇せずに人にも与えていくには、自分の心のコップの水を、自ら補充しなくてはいけません。その具体的な方法は、このあと、ご紹介します。

「自分なんか」の口グセは要注意

「自分なんかが声をかけたらウザがられると思うと、自分から声をかけられない」

「自分なんか、やりたいことをやる価値がない」

「自分なんかが相談をして、友達に迷惑をかけたくない」

あなたはこんなふうに「自分なんか」という言葉が、口癖になっていませんか？

そもそも、ウザがられる、価値がない、迷惑をかけてしまうなどの心配は、誰かにそう言われたのでしょうか？


あるクライアントの女性のお話です。彼女は、家族優先がいきすぎて、自分が後回しになって、疲れ切った状態でカウンセリングにいらっしゃいました。

心のコップの水の量がどれくらいか聞いてみたところ、2～3割だと答えたので、心を満たすために自分を優先する練習をしてもらうことにしました。

彼女は早速、近くのスーパー銭湯に行くことに。実行してみたら、とても満足した自分に気づき、次の日も、同じ銭湯に行ったそうです。

感想を聞いてみたところ、「私なんかが……って罪悪感が出てきました」と彼女が言うので、どういうことか詳しく聞いてみると、「夫が働いている昼間に、私なんかが2日連続で銭湯に行くなんて……」という言葉が返ってきました。

彼女はパートで働いているのですが、それくらいでは、スーパー銭湯に2日連続で行くのは申し訳ないと感じると言うのです。

誰かにそう言われたことは一度もないそうです。

自分を後回しにしてしまう人は、こんなふうに、「自分なんか」価値がないという考えを持って、自分の望みを叶えることに、「待った！」をかけています。

「自分なんか」と思っていると、投影の法則（70ページ）により、周りの人も自分を「価値がない人」と思っているように感じてしまい、人目を気にして、動けなくなってしまいます。

これでは、いくら心のコップに水を注いでも、心は満たされません。

「自分なんか（価値がない）」と思い込んでいるのは、自分自身です。

その思い込みを取り除く必要があります。方法は、簡単です。

「自分なんか」という思いが出てきたら、「今、私は〝自分なんか〟と思っているんだな」と、認識しましょう。自分を責める必要はありません。気づいたら、「あ、また思っているな」と、ただ認めるだけで大丈夫です。

続けることで、いつしか自然と、「自分なんか」という思い込みに巻き込まれなくなっていきます。

すると、少しずつ、自分自身が大切な存在であると思えるようになります。

先ほどの彼女も、こうして自分の気持ちを認めることができたあとは、「罪悪感を持つ必要はないんだな」と思えて、その気持ちをずるずる引きずらなくなったと言います。

「自分なんか」という思いが出てきたら、一度立ち止まって、そのように感じた自分の気持ちをやさしく受け止め、認めてあげましょう。

人のために頑張ってきたことを認めて、自分にねぎらいの言葉をかける

自分を後回しにして人を優先する人は、自分のことだけでもかなり手いっぱいな状態であっても、「そこまでしているの！」とこちらが驚くくらい、人に尽くしているケースがよくあります。

しかも、そのことについて、「いいえ、大したことはしていません」「大変だけど、やれるんで大丈夫です」というようにおっしゃることも、珍しくありません。

それだけ人に与えて、自分のことも人のことも一生懸命やっているのに、それをしごく普通のことのように捉えています。それゆえ、そんな自分の頑張りを認め、褒めてあげることをしていない人がとても多くいらっしゃいます。

あなたも、自分ができていることよりも、できていないこと、不十分な部分にばかり目を向けては、「まだ足りない」「これではダメだ」と、どんどん自分を追い込んで

しまっていないでしょうか。

自分のいいところに目を向けていないのでは、自分の価値に気づくことができないのも当然です。

でも、よく考えてみてください。

あなたはこれまで、すでにたくさんのことを人のためにやってきました。

例えば、ステップ２で振り返ったお母さん、お父さんとのことを思い出してみてください。

・忙しそうなお母さんに心配かけたくなくて、本当は寂しいと言いたかったけれど、我慢して一人で頑張った
・お母さんの愚痴をいつも聞いてあげていた
・お母さんとお父さんの仲をとりもとうと、二人が笑顔になることを考えた
・お母さんを助けようと、兄弟の面倒をみたり、皿洗いや料理など家事を手伝ったなど。

あなたは、子どもながらに頑張りましたよね。

大人になった今も、自分も忙しい中、お母さんやお父さんのことを気にかけて、様子を見に実家へ戻ったり、あれこれと用事をやってあげている方もいるかもしれませんね。

そんなあなたは職場でも、時間内に終わりそうにない仕事を抱えている人を見つけて手伝ってあげたり、全体の業務がうまく運ぶよう、さりげなく気がついたところをフォローしたり、人があまりやりたがらない仕事を引き受けたりして、頑張っているのではないでしょうか。

友達の悩みに親身に相談にのって、協力したこともあるかもしれません。

また、家族のために、毎日仕事を頑張った、家事を頑張ったという人もいるでしょう。

今まで、このように頑張ってきたことが、たくさんあったのではないでしょうか？

そんな自分を認めていますか？　褒めていますか？

あなたは人に、これまでたくさんの愛を注いできました。あなたに助けられた人は、たくさんいるでしょう。

相手から感謝されたこともあるでしょうし、反対に自分が思うような反応をしてもらえなかったこともあるかもしれません。

相手の反応がどんなものであっても、あなたがたくさんの人のために行動してきたことは事実です。あなたは素晴らしいことをやってきたのです。

ぜひ今、「本当によくやってきたね」「よく頑張ってきたね」など、自分のいちばんの応援者、理解者として、心の中で自分に向かって、ねぎらいの言葉をかけてあげてください。

今までたくさんの人に向けてきたその愛を、今度はあなた自身に向けてあげましょう。

そうして頑張ってきた自分を褒め、自分の価値を認めると、「ありのままの自分ではダメだ」という気持ちも少しずつなくなっていきます。

自分の頑張りをきちんとねぎらい、認めてあげることが大切です。

自分を認めることができると、自己肯定感が上がり、心のコップの水も自然と満たされていきます。

「よく頑張ってきたね」と、自分で自分をねぎらってあげよう

感謝で「ナイナイ症候群」とさよならする

カウンセリングで自分を後回しにしてしまう人の話をうかがっていると、ほとんどの場合、出てくるのが、「○○がない（無い）」という言葉です。

「（自分は）自分のことができていない」
「自分の時間がない」
「お金がない」
「自分を愛してくれる恋人（パートナー）がいない」
「やりたいことがやれていない」
「こんなにやっているのに感謝されない」

など、「自分にはあれもこれもない！」という**「足りない」**ことにばかり着目しているのです。そして、「こんなに〝ない〟私は、ダメなんだ……」という思いを持っています。

いつも何かが「ない、ない」と悩んでいるこの症状を、私は**「ナイナイ症候群」**と呼んでいます。

ナイナイ症候群の特効薬は、「感謝」です。

感謝は本来、自然とあふれ出るものですが、「ナイナイ症候群」にかかっていると、足りないことばかりに目がいき、かつてあったこと、今あることが見えなくなってしまい、イライラや焦り、将来への不安などマイナスの感情で心が占拠されてしまいます。

「ナイナイ症候群」にかかっているクライアントさんにやっていただくのが、**「感謝のワーク」**です。

意識的に感謝できることを探し、「感謝リスト」を書くというものです。1日5個、感謝できること、感謝したいことを見つけて書き出しましょう。

そうして、「ない」から「ある」へと視点をシフトさせていくのです。

内容はその日にあったことで、自分が感謝できること、感謝したいことならなんでもOK。シンプルな方法ですが、多くのクライアントさんが効果を実感されています。

「今日は特に何もなかったな」という日ほど、些細なことに目を向けて、探してみましょう。

「1日5個なんて見つけられるかな?」と心配な方は、食事ができたことや1日頑張った自分の体に感謝など、毎日の小さなこと、自分にとって当たり前になっていることに目を向けることから始めてみるのがおすすめです。

クライアントさんたちの「感謝リスト」の例をいくつかご紹介しますので、参考にしてみてください。

日常的なことを中心に挙げてみます。

・おいしいごはんが食べられたこと
・たっぷり睡眠がとれたこと
・子どものとびっきりの笑顔を見ることができたこと
・観たいテレビ番組が観られたこと

・今日も仕事ができたこと
・今日の天気が過ごしやすかったこと
・1日、頑張った自分の体に（感謝）
・夜よく眠れず、朝からイライラしていたけれど、同僚に愚痴をこぼしたら、少し楽になった。聞いてくれた同僚に（感謝）
・犬と散歩に行けたこと
・1日ゆっくり過ごせたこと
・スイーツとコーヒーで心が癒されたこと
・部屋の掃除と洗濯ができてスッキリできたこと
・夫が家事を手伝ってくれたこと
・同僚が仕事を手伝ってくれたこと
・友人がメールをくれたこと
・家族と外食を楽しんだこと
・自分を最優先して、自分の心や体のケアをすることを許そうと思えたこと
・病院が混んでいて、予定より出社が遅れたけど、職場のみんながやさしく出迎えて

くれたこと
・自分の気持ちを否定せずに聞いてあげることができたこと
など。

同僚たちとの交流が緊張して疲れてしまうと話していた女性が、「感謝のワーク」を実践したときのお話です。

カウンセリングを始めたばかりの頃、彼女からの相談メールには、「ミスしたら同僚に嫌な責め方をされた」「仕事は好きだが疲れてしまったため、少し休みたい。でも収入面が心配で休めない」「帰宅したあと、文句ばかり言っている夫に不満がある」などと書いてありました。

さらにそんな自分を、「幸せを感じられない自分はダメだなと思ってしまう」と責めていました。

そこで「感謝のワーク」を始めてもらったのですが、「感謝のワーク」を始めて1カ月が経った頃には、「職場の人が気を遣ってお菓子をくれたこと」や、「夫が自分の代わりに買い物をしてきてくれたり、自分の不在の間に犬にごはんをあげてくれたりしたこと」「夫が仕事から早く帰ってきたこと」などが、日々の「感謝リスト」に挙がるようになりました。

その頃いただいたメールには、

「先週はたくさんの愛に気づけたかなと思っています。甥や義理の妹、夫、犬たち……、いつもたくさんの愛をもらっているなと感じることができました。夫が普段から私をいろいろな形で助けてくれていることがわかるようになり、夫にも前よりずっと感謝できるようになって、二人の関係も以前よりよくなってきています。毎日の感謝のワークのおかげだと感じています」

とありました。

その後も彼女は感謝のワークに取り組み続け、半年後にお会いしたときには、表情も明るくなり、笑顔が増えていて、雰囲気がすっかり変わっていました。

続けて、「自分ファーストのワーク」（※ステップ4で行います）にも取り組んだ彼女は、緊張して疲れてしまうので苦手だと言っていた同僚たちとの交流も、誘われると楽しみになるようになり、また、1年後には、念願の独立へ向けて動き出すことができたと教えてくれました。

「感謝のワーク」の効果は、絶大だったようです。

最初は、無理やり感謝しているような感じがするかもしれませんが、それでもかまいません。

「ない」から「ある」へ、視点をシフトさせるのが目的なので、感謝することを見つけようとすることが大事です。

続けていれば、自然と感謝の念が湧いてくるようになってきますし、どんどん感謝したいことが見つかるようになります。

1カ月、継続すると、「自分には何もない」と思っていたところから、「実はこんなにあったんだ」「こんなに人に助けられているんだ、人とつながっているんだ」と実感します。

結果、「何もない自分はダメなんだ」という思いが消え、自分を認めることができるようになっていきます。

そして、いつの間にか「ナイナイ症候群」と、さよならできます。

「感謝のワーク」は、続ければ続けるほど、焦りや不安などのマイナスの感情もなくなっていくので、ぜひ実践してみてくださいね。

自分を後回しにしてしまう人は、自分の価値を認めることが苦手ですが、とても重要なことなので、できることからステップ3の内容に取り組んでみてください。

ステップ4では、さらに一歩進んで、自分を優先するための土台となる心を整えていきます。

自分を優先できるようになるための ワーク3

ステップ3では、自分の価値を認めるために、自分で自分の心を満たす考え方や方法をご紹介しました。

以下のワークをやってみましょう。

1. 自分の心のコップに水はどれくらい入っているでしょうか？　今の自分を振り返って、直感で答えてみてください。深く考えず、なんとなくで大丈夫です。

2. 今まで人のために頑張ったこと、してあげたことを思い出して、書き出しましょう。このとき、家族や友人、職場の人々とのことを振り返ってみてください。そして、心の中で「よく頑張ってきたね！」と自分に声をかけて、頭をなでてあげましょう。

3. １日５個、感謝したいことを見つけて、「感謝リスト」を書き出しましょう。日々の些細なことでかまいません。

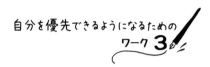

ステップ

4

自分を
優先するために
心を整える

抑えてきた感情を解放する

ステップ3では自分の価値を認めることを行いましたが、心の在り方が変わらなければ、いっとき自分を優先することができたとしても、いずれ罪悪感を持ってしまったり、「こんな私が……」と思ってしまったりして、元に戻ってしまいます。

ステップ4では、常に自分を優先することができるようになるための心の土台づくりを行っていきましょう。

最初に取り組んでいただきたいのが、**「感情解放のワーク」**です。

我慢して抑え込んできた感情が未消化のまま残っていると、気持ちを切り替えても、その影響を受け続けやすく、「自分を優先できるようになりたいと思っているのに、できない！」というループを繰り返してしまうことになります。

そうならないために、自分の中にある思いや感情にきちんと向き合い、受け止めてから消化する作業とワークを行います。

自分を後回しにしてしまう人は、人を優先しているからといって、自分の意見や考えがないわけではありません。自分の正直な気持ちを抑圧する癖がついていて、何も感じていないかのように振る舞っているだけです。

たとえどんなに何も感じていないように振る舞っても、そのとき感じたことや、本当はこうしたいと思ったことが、心の中から消えてなくなるわけではありません。押し殺した気持ちは、その都度、心に溜まっていきます。

自分が感じていること、思っていることをあなた自身が認めてあげないと、いつしか心は、過去の昇華しきれなかった思いで埋め尽くされた状態になり、新しいものの見方や新しい行動を試す余裕を持つことができず、今までと同じ行動パターンを繰り返すことになってしまいます。

押し殺してきた自分の思いや感情をきちんと解放し、新しい風を招き入れることのできるスペースをあなたの中につくりましょう。

モヤモヤを書き出して解放する

「感情解放のワーク」を行うときは、一人で行うことをおすすめしています。

自分一人で感情を解放できる方法としておすすめなのが、紙とペンを用意し、今の自分が感じている思いをどんどん書き出していくという方法です。

シンプルですが、効果があります。

まず、自分が今、いちばん言いたいことがある人を思い浮かべます。

次に、その人に対して、いつも自分が心の中で思っていること、言いたいけれど、面と向かって本人には言えないこと、言いにくいことを思いつくままに書き出していきます。よいことでも悪いことでも、どちらでもかまいません。思いついたことはどんどん書き出してください。

ステップ2で振り返った親との関係を思い出しながら、あるいは最近の親とのやりとりを思い出しながら、親に対して言いたかったことでもいいですし、職場の上司や同僚、後輩、友人などとの、なんだか気持ちがスッキリしないやりとりを思い出しながら、書き出すのでもよいでしょう。昔のことでも、今のことでもＯＫです。

ポイントは、**できるだけ、感情移入しながら書ける出来事を選んで、その際に感じたことを書き出す**ことです。

最近あった出来事に対する自分の感情を書き出していたら、子どもの頃の出来事を思い出し、当時の感情がよみがえるということもあるかもしれません。

そのような場合は、あわせて書き出しを進めると、より解放が進みます。思いつくまま、書き出していきましょう。

あるクライアントの女性は、職場で自己主張が激しく、遠慮のない同僚とどう付き合ったらいいのかわからず悩んでいました。

本当は相手に腹が立っていても自分を抑え、我慢して、相手に気を遣った言い方をしていました。

そんな彼女に、最近あったその同僚とのやりとりで腹が立った出来事を思い出しながら、湧き出てくる感情を書き出してもらいました。

「正直言って、嫌い！　もう関わりたくない。ああいうことを言うのはやめてほしい。腹が立つ！」

書き出しているうちに、ふと、子どもの頃のある出来事を思い出したそうです。

それは、店員さんが選んでくれた洋服が気に入らないことを正直に顔に出して、お母さんに怒られた思い出でした。その出来事を思い出した瞬間、彼女はお母さんに対してこんな思いが出てきたそうです。

「嫌なものは嫌！　なんで嫌そうな顔をしたらいけないの？　無理やりお母さんの考えを押しつけないで！　周りの反応を気にしているのはお母さんのほうじゃない！」と、当時思ったものの、怒られたため、我慢して言えなかった怒りの感情を、どんどん書き出していきました。

もう一つ、芋づる式に思い出した出来事がありました。

「幼稚園のとき、自分は精いっぱい歌っていたのに、先生に『声が小さい』と怒られて外へ立たされたことがあったんです。でもそのことを、家に帰ってから、お母さんには言えませんでした。お母さんは、その先生をいい先生だと信じていることを知っていたからです。そのときのことを思い出したら、こんな思いが自分の中から出てきました」

そう言って彼女は、

「先生、先生って、先生がそんなに偉いのかー！　私だって精いっぱいやってたんだー！　あほ！　私に謝れ〜！」

と、当時は我慢して言えなかった怒りを書き出しました。

ポイントは、自分が我慢して相手に言えないままの思いを書き出すということ。

自分の中でモヤモヤしている気持ちを、思いつくまま、言語化していくのです。

それらは言ってみれば、怒りや不満、悲しみ、寂しさといった感情であり、抑圧してきた思いです。

「あのとき、自分はこう思っていたんだ」

「本当はこうしてほしかった」

「なんで、あんなこと言ったの？」

などのように書き出していきましょう。

ただし、書き出すときに注意していただきたいのが、**自分の中から出てきた言葉、内容について判断を一切しない**ということです。

書いている最中に「こんなこと書いていいのか」「こんなこと思うなんて、自分はひどい人間だ」「こんな感情を持っている自分は醜いし情けない」などのように、自分の中に溜まっていた感情をよくないものとか、汚いものなどと思ってしまうと、吐き出せなくなってしまいます。

また、そのような自分を責めることは、罪悪感を強めることにもなってしまいます。自分の中に溜まっていたものを吐き出せば吐き出すほど、それらは昇華され消えていきますので、安心してどんどん書き出してください。

書き終わって、心がスッキリしていたら、解放が進んでいる証拠です。

どのような思い、感情が出てきてもOKです。

例えば、喜びはよい感情だけど、怒りや嫉妬はよくない感情だと思いがちですが、実際にそうではありません。感情に、よいも悪いもないからです。ただ、そのような意味づけを自分がしているだけなのです。

怒りはよくない感情だと自分が思っていると、怒りを覚えたときに、その怒りを抑圧してしまいます。

自分を後回しにしてしまう人が、怒りを表すのが苦手なことが多いのも、その思い込みが原因です。あえて溜まっているすべての思いを吐き出すために、そういう人こそ、ちょっと思い切って「あほ！　バカ野郎！」など、強めの言葉を使うことで、解放の効果をより感じられます。

書き出すことは、安全に感情を解放できる方法なので、ぜひ試してみてください。

感情を解放すると、新しい経験をする余裕ができる

先ほど、我慢していた怒りを吐き出した彼女のその後のお話です。

職場の同僚に対して、また、子どもの頃の出来事を思い出し、そのときの感情を書いて吐き出した彼女は、「胸のあたりが楽になった」と言い、続けて、次のように話してくれました。

「大きな声を出すことが苦手だから、カラオケなんてもってのほかだったのに、一度行って、大声で歌ってこようかしらという思いが湧いてきたんです。実際に外出したときに、通りがかりに見つけたカラオケ店に入ってみました。歌ってみると、意外と堂々と、気持ちよく歌えました。

自分の心のままに思いっ切り、何かをするのって気持ちいいですね！

あと、こんなこと自分で言うのはちょっと恥ずかしいんですけど、以前は結構ニキ

ビができていたんですが、最近はお肌がキレイになってきたんです。それに、無理して笑っていないというか、なんとなく笑顔が自然になってきたように感じます」

自分の中でせき止めていた感情を吐き出すと、心にスペースが空き、彼女のように、今までは「自分がこんなことをするなんて、とんでもない！」と思っているようなことをしてみたくなったりします。

心にスペースができると、その分、新しい経験をする余裕ができるのです。

きっと、自分が今まで抑えてきた新しい一面と出会うことになるでしょう。

書き出したものを見返すと、改めて自分はこんなふうに思っていたんだ、こんなに我慢していたんだとわかったり、そのときの感情がよみがえって涙が出たり、ちょっとつらい気持ちになることもあるかもしれません。

つらいときや悲しいときは、自分に「つらかったね」「悲しかったね、本当は○○してほしかったんだね」「よく頑張ったね」など、やさしい言葉をかけてあげてください。

また、吐き出すのが目的なので、書き出したものを取っておく必要はありません。書き出した紙はビリビリに破いて捨ててしまいましょう。

溜め込んで我慢していた感情を破いて捨てることで、「スッキリした！」という方も多くいらっしゃいます。

気持ちがスッキリしたり、新しい経験ができるかもしれないと思うと、「感情解放のワーク」を行うのが、少し楽しみになるのではないでしょうか。

ぜひ、試してみてくださいね。

思っていることをすべて書き出して、抑えていた感情を解放する

感情を出しにくいときは

「感情解放のワーク」を行おうとすると、どうしても書けなかったり、冷めた見方をしてしまい、書く気にならなかったりする場合があります。

そんなときは、自分が抑圧してきた、いわゆるネガティブな感情の存在を認めることに抵抗があるのかもしれません。

でも、私たちは様々な感情を抱いて当然なのです。怒りや嫉妬、自己嫌悪など、ネガティブと思えるような感情も、「だって、感じちゃったんだから、仕方ない」のです。

本来、**いい感情も悪い感情もありません。**あなただけではなく、誰でもそのような感情を経験していますので、安心してください。

ある女性のクライアントさんは、最近会った友人とのやりとりについて、そのときには自分では納得していると思っていたものの、ちょっとモヤモヤしている気持ちがあることに気づきました。そのお話をうかがって、彼女の中に抑圧している思いがあると感じられたので、「感情解放のワーク」をおすすめしたところ、彼女は、「私は別にその人に怒っているわけではないし……。書こうとしても書けません」とのこと。怒りはないと感じている、書けないと感じているといったことでいいので書いてみてくださいとお伝えしました。

彼女は、「私は、特にあなたに怒りとかは感じていません。だから、特に書くことがないかなと思います。この前、お茶したときは楽しかったですね」など、最初は思ったことをそのまま書いてみたそうです。

そのうちに「でも、あのときのあの態度はひどいんじゃないの?」から始まり、感情がどんどん出てきて、しまいには「人のこと、バカにして～! 私をなんだと思ってるんだー!」「大嫌い!」などの言葉が出てきて、「自分は怒っていないと思っていたけれど、結構怒っているんだとわかりました」と話してくれました。

ネガティブな感情が書けないなというときは、書けない、書くことが思い浮かばないという今の気持ちから書き始めてみてください。書き出すと、だんだん出てきますよ。

ブラックなキャラを使って吐き出す

もう一つ、感情を解放する方法をご紹介します。

先ほどの「感情解放のワーク」で、抑圧していた思いを書いて吐き出しましたが、普段からこまめに吐き出しておくと溜め込まずにすむので、思わずイラッとしてしまったり、関係ない人に八つ当たりしてしまうようなことも減っていきます。

人は、感じたことや思ったことを相手に向かって直接言わずとも、自分の心の中で声に出さずにつぶやいていることがよくあります。

自分を後回しにしてしまう方は、誰かにイラッとしたとき、チャンスだと思って、あえて心の中で相手に悪態をついたり、怒りを表現してみてください。

このときおすすめなのが、**自分のブラックなキャラを登場させる**という方法。

よく、「天使の声」「悪魔の声」という言い方をしますが、それで言えば、ブラックなキャラは悪魔の声です。

例えば、「本当にムカつく！」「だから、あなたのこと嫌いなんだ！」「さっきの態度、なんなの！」などと、怒りや不満が自分の中で出ているとき、自分の中のブラックなキャラが言っている、と考えるのです。

あなたは、天使でもなく、悪魔でもなく、中立の立場で、ブラックなキャラの様子を見ている、聞いているという構図。

その様子を見ながら、「お、ブラックなキャラ出たな～」「今日のブラック〇〇（〇〇に自分の名前を入れる）の発言、すごいわ～」と、面白おかしく、他人事のように眺めるのがコツです。

自分が言っていると思うと、「こんなことを思うなんて……」とか「いや、でもあの人はきっとこういう事情があったのかもしれないし……」などと、思ってしまうことが多いのですが、「自分ではなく、ブラック〇〇（自分の名前）が言っている」と、自分と切り離すことで、思いを抑圧しなくてもよくなります。

ブラックなキャラに「ねぇ、あの人のこと、あなたはどう思う？」などと質問して、想像上で言わせてみるのもいいでしょう。

感情の解放作業は、出し切ったと思っても、全部は出し切れていないものです。自分を後回しにしてモヤモヤしたときには、その都度、取り組みましょう。やればやるほど、心が楽になっていくからです。

「本当は、あのとき、こうしたかったんだ」「本当は、悲しかったんだ」というような自分が抑え込んできた思いに気づいてあげることで、無視され、認めてもらえなかったその思いが昇華されていきます。

玉ねぎの皮むきのように、抑圧した感情を何度も解放していくと、玉ねぎの中心部にあるあなたの本当の思い、ピュアな部分にたどりつくときがやってきます。

そのときに、本当に自分が求めていたもの、「自分はこうしたかったんだ！」という本当の思いがわかります。

ブラックなキャラを登場させて感情を解放する

1日1個の「自分ファースト」で喜びにチューニング

「自分を優先する」と言うと、そのための行動が取れるかどうかということばかり考えてしまいがちですが、いちばん大事なことは、**「自分の本当の気持ちに気づき、それを認めているかどうか」**です。

つまり、自分軸で考えられているかどうかが大切で、どのような行動を取るかは、そのあとの話です。

自分を後回しにする生き方とは、他人がどう思うかを基準に、自分の行動を決定する他人軸の生き方だと、お話ししました。

人は、こうしたいとか、これが好きだという自分の本当の思いを、心の中に閉じ込めたまま言わずに相手に合わせていると、いつのまにか、自分のことがよくわからなくなってしまいます。

人から「どうしたいのか」と問われたときに、「よくわからないんです」となってしまうのも、このためです。

ある意味、自分の本当の気持ちに気づけなくなっている状態と言えるかもしれません。

自分が幸せを感じること、好きなこと、したいことなど、自分の喜びに対する感度を上げていくために行うのが、1日1個、自分がしたいことを実行するという、**「自分ファーストのワーク」**です。

「自分ファーストのワーク」では、自分をいちばんに優先します。「自分の正直な気持ちを認め、大切にする」のです。

その日の自分ファースト（自分のためにやりたいこと）を1個決めて、実際に自分のためにやってあげる。ただそれだけです。

これを繰り返すことで、自分が本当は何をしたいのか、本心を知ることができるようになるだけでなく、自分を優先することができるようになっていきます。

「自分ファーストのワーク」は、次のようなサイクルで実行しましょう。

1. 今日、自分のために何をしたいのか、自分に問いかける
←
2. 自分の正直な心の声を聞く（感じる）
←
3. 自分のためにそれを実行する

自分ファーストの内容を決める際には、**「何をしたら、自分が喜ぶか」を自分にちゃんと問いかけて、正直な答えを受け取る**という作業をすることがとても重要です。

ある男性は、毎朝、通勤電車の中で、その日の自分ファーストを何にしようか考えるそうです。

このように、「今日の自分ファーストを考える時間」を決めている方は結構いらっしゃいます。

朝、歯を磨きながら、通勤時間中に、など、自分ファーストを決めることをほかの習慣と合わせて行うと、ルーティン化され、続けやすいでしょう。

クライアントさんを見ていると、「自分ファーストのワーク」を3週間くらい続け

ると、なんらかの変化を感じる方が多いです。

自分を後回しにしてしまう人は、いつも人の声ばかり聞いて、自分の声を聞いていません。自分の希望や素直な気持ちを自分に問いかけることは、自分に意識を向けないとできないので、自分軸を確立する、とてもいい練習になります。

なお、自分ファーストの大敵は罪悪感です。

「自分ファーストのワーク」をする際に罪悪感がよぎったら、自分を責めるのではなく、「罪悪感を感じているな」と、ただ認めてあげましょう。

自分ファーストの内容は、**その日に絶対に実行可能なことにする**のがポイントです。

例えば、自分が食べたいものを食べる、前から行きたかったお店に行ってみる、残業せずに帰って趣味の時間を取る、ゆっくり自分を休ませる日にする、次に行きたい旅行先の情報を調べるなど、自分ファーストになることであれば、なんでもよいです。

最初は具体的な行動に絞ったほうが、効果を実感しやすいでしょう。

自分がワクワクする、楽しめるものを選びましょう。

少し慣れてきたら、具体的に行動すること以外にも、湧き上がる思いを無視しない、自分の気持ちをそのまま受け止めるなど、自分に対する接し方も自分ファーストの内容に含めていきましょう。

自分ファーストを決めるのが難しいなと感じるときは、何か食べるときや飲むときに「何が食べたい？」「今、本当に飲みたいものは何だろう？」と問いかけて、その答えをできる範囲で実行してあげることから始めるのがおすすめです。

次のページで、クライアントさんが実際に行った、自分ファーストの例をご紹介します。

ぜひ参考にしてみてください。

自分ファーストの例

- お気に入りのお店にランチをしに行く
- いつもより少し高めのお弁当を買う
- まつげのエクステに行く
- 仕事に行く前に、お昼に食べるお気に入りのスープを購入する
- 仕事の帰りに、チーズケーキを買って帰る
- 仕事を定時にあがる
- 罪悪感なく休む
- 早く寝る
- 観たかった映画を観に行く
- 軽めのストレッチをする
- ボディクリームをつけてマッサージをする
- 宝くじを買う（夢に向かってワクワクする）
- 趣味の洋服づくりのために使う布をネットで探す
- 家の掃除をする
- お墓参りに行く
- 前から気になっていたスイーツを買う
- 予定がいっぱいの日なので、夜はゆっくりする
- おやつにアイスを食べて、まったりする
- 妹とショッピングに行くので、思い切り楽しむ
- 気がかりな仕事のめどをたてる
- やることはいろいろあるけど、今日は読みたい本を読みまくる！
- 湧き上がる思いを無視しない

「自分ファースト」をすることで生まれる心の変化

「いつも、頼まれると断れない……」という女性のお話です。

彼女は、仕事に忙殺され、プライベートでは親の顔色をうかがう日々で、消耗した様子で相談にみえました。

彼女に、ステップ1～3のワークに取り組んでいただいたあと、「自分ファーストのワーク」を実践してもらいました。

「今まで自分を優先したことがないので、自分を大切にするということがわからないです……」と言いながらも、お昼に何を食べるかなどの小さいことから、スタートしました。

「自分ファーストのワーク」を始めてしばらく経ったある日、彼女は、「初めて、鍼治療のために有休を申請したんです」と、嬉しそうに教えてくれました。

彼女は体のメンテナンスの一環として、時々、鍼治療を受けていたそうなのですが、「病気でもないのに……」と遠慮して、それまで会社の有休を使って治療を受けることはしたことがなかったそうです。

最初は自分ファーストに戸惑っていた彼女が、1カ月ほど経ち、「自分ファーストをするようになって、毎日が楽しくなりました。一つひとつの小さい自分ファーストもそうですが、自分が本当に大切にしたいことを大切にして優先する。それが、私自身が喜ぶことなんだとわかりました」と話すまでになったのは、とても大きな変化だと思います。


自分ファーストを行うと、喜びの心が活性化します。

自分ファーストが「仕事帰りに、好きなコンビニスイーツを買って帰る」だった場合、買う前から、「今日は帰りにコンビニスイーツ買うぞ～」と楽しい気持ちになり、コンビニで「そうそう、これこれ！」とお目当てのスイーツを見つけた瞬間も、嬉しい気持ちになります。そして、家に帰り、スイーツを食べるときに、また嬉しくなる。さらに、「自分ファーストできた！　やったね！」と喜ぶことができる。

こんなふうに、自分ファーストは、「できた！」「嬉しい！」「やった！」「満足！」などの感情を、実行のプロセスで何度も味わえるのです。

自分ファーストをしながら、自分の心がその都度、どのように感じているかも意識して、楽しみましょう。

「今日1日振り返ってみたら、朝決めていた自分ファーストの内容とは違うけれど、このことが今日の私のいちばんの自分ファーストだったな」という場合もあるかもしれません。それももちろんOKです。

「やろうと思っていたけれどできなかった」「自分ファーストだと思ってやってみたけれど、あまりピンとこなかった」「自分ファーストをすることに抵抗があった」ということもあるでしょう。

そんなときも、「自分ファーストができない自分はダメだ」と思う必要はありません。

自分ファーストの行動がなかなか思いつかない、どうしてもやる気が出ないというときは無理をせず、「思いつかないなあ」「やる気が出ないなあ」「抵抗があるなあ」というそのときの気持ちをそのまま受け止めるだけでOKです。

「自分ファースト」でNGなこと

自分ファーストの内容を決めるときに、注意していただきたいことが、二つあります。

NG1 人の協力がないと実行できないことを選ぶ

自分ファーストは、「自分が喜ぶことで、その日に絶対に自分一人でできること」を選びましょう。

例えば、友達を誘ってごはんを食べることをその日の自分ファーストにしたとします。これは、もし友達に今日は難しいと断られてしまったら、実現しないことになってしまいます。

前もって友達とごはんの約束があって、その時間を楽しむとか、場所が決まっていないから自分が行きたいお店を提案してみる、なら、自分ファーストになります。

自分以外の人の動向によって、自分ファーストができる・できないが決まってしまう場合、それは他人軸で動いていることになります。

自分ファーストは、自分軸を確立するための練習なので、自分ファーストとして何をするかは、自分が喜ぶことで、自分一人でも実現できるものにしましょう。

NG2 不足感や焦燥感から選ぶ

「お昼からお酒を飲む」というのを、その日の自分ファーストにしたクライアントさんがいました。

自分ファーストでは、「お昼からお酒を飲む」ことに、いいも悪いもありません。

「自分が今日、本当にしたいことは何か？」

「それが本当に自分の喜びなのか、自分の気持ちに沿ったものなのか？」

という問いかけをして、その結果が「お昼からお酒を飲む」ならＯＫです。

ただ、もし、このお酒を飲むということが、寂しさや落ち込んだ気分を単に紛らわせるためなど、投げやりな気持ちで決めたものならば、自分ファーストの趣旨とは異なってしまうのでNGになります。

同様に、「人目を気にして」決めたり、それがいいことか悪いことかのような価値判断に左右されるのも、他人軸で判断しているので、自分ファーストの内容としては適しません。

純粋に「自分の喜びにつながることは何か?」「自分の本当の気持ちは?」という問いに素直になりましょう。

自分ファーストを行ったあと、自分がどんな気分になるかに注目することが大切です。

自分が元気になる、満たされた感じがするなら、それでOKです。

「自分ファースト」をするのに抵抗のある領域は宝の山

さてここからは、自分ファーストの上級編です。

普段、ある程度、自分の好きなことをできているという方に、「自分ファーストしてください」と言うと、「結構やっているんですけどね」という反応が返ってくることがあります。

そんなときにチェックしていただきたいのが、自分ファーストできていない領域はないか、ということです。

ある女性は、パートナーシップのお悩みで相談に来られました。

「自分がやりたいと思うことは結構やれているほうだと思います」という彼女は、たしかに趣味の踊りや旅行、興味のあることの勉強と、活発に動いていました。ですから、彼女自身は自分ファーストで行動できていると思っていたのです。

ところが、本当に自分ファーストで行動できているのか掘り下げてみると、男女関係のことでは、男性に嫌われたくない、見捨てられたくないという気持ちから、常に相手を優先し、他人軸で行動していました。


また、別の女性は、自分の体重や体型に自信がなく、女性として引け目を感じると話していました。

その話を聞いて、私はあることに気づきました。

彼女は、気になっていたお店に行ってみる、興味があることを勉強する時間をつくるなどの自分ファーストは難なくできていたのですが、女性としての自分を意識するような自分ファーストは、選ぶことさえしていなかったのです。

彼女にそのことを話してみると、「たしかにそうかもしれない。女性としての自分を意識することに抵抗があるのかも」と言い、子どもの頃、勉強ができ、目立っていたために「女のくせに！」と男子にいじめられていたことを思い出しました。

さらにその体験以来、女性であることをできるだけ意識しなくていいような服装を選んだり、目立たないように、周りの人の目を気にしながら生きてきたことに気づいたそうです。「女性である自分」を後回しにしてきたと言えるでしょう。

彼女にはそれから、女性としての自分に意識を向けるような内容を、あえて自分ファーストに選んで、実践してもらいました。

気づかないうちに避けてきたことこそ、自分ファーストすべきことである可能性が高いからです。

エステに行ってみる、ボディクリームで体を丁寧にマッサージする、ペディキュアを塗るなどを実践していくうちに、彼女は自分の中の女性的な部分に意識を向け、認めてあげることを楽しめるようになりました。

しばらくして会った彼女は、明るく晴れ晴れした表情で、「これから、もっともっと女性としての自分を楽しんでいきます！」と、話してくれました。

彼女が優先したかったのは今まで抑圧してきた、女性としての自分を受け入れ、楽しみ、愛する、ということだったのです。

自分ファーストにある程度慣れてきたら、それまでの何日分かの内容を振り返ってみましょう。そうすれば、無意識のうちに避けていることがわかります。

これは上級編ですが、可能なら、無意識のうちに避けていることを、自分ファーストとして一つ、二つ取り入れてみてください。

そこには、まだあなたが受け取っていない喜びや楽しさなど、お宝がたくさん眠っています。

避けていることの中から自分ファーストができるようになると、新たな喜びを感じる体験、あなたが本当にしたかった体験をすることができるようになります。

お宝は、あなたに受け取ってもらえるのを今か今かと、待っています。

罪悪感なく、常に自分を優先することができるようになるのは難しいと感じるかもしれませんが、あせらず、一つひとつトライしてみてくださいね。

ステップ5では、自分軸で人と付き合うための方法をお話しします。

自分を優先できるようになるための ワーク4

ステップ4では、自分を優先するために、心を整える方法をお伝えしました。
以下のワークをやってみましょう。

1. 自分が今、いちばん言いたいことがある人を思い浮かべ、言いたいけど、その人には面と向かって言えないこと、言いにくいことを、思いつくままに紙に書き出してみましょう。

2. 自分ファーストを1日1個決めて、実践しましょう。やってみて気づいたことやどんな気持ちがしたかを振り返りましょう。

3. 慣れてきたら、抵抗を感じる領域で自分ファーストを実践してみましょう。

ステップ

5

自分軸で
人と
付き合う

自分と相手の間に「健全な境界線」を引く

心の旅も中盤を過ぎました。

ここまで、ステップ1、2で現在と過去を振り返り、ステップ3、4で自分の価値を認め、常に自分を優先することができるよう、心を整えることに取り組んできました。ステップ5では、自分の気持ちを尊重しながら人と付き合うための方法を考えていきます。

自分の気持ちを尊重して人と付き合うには、相手と自分の間に**「健全な境界線」**を、自分で引くことが大切です。

健全な境界線を引くとは、自分と相手がお互い、気持ちよく過ごせる距離を確保することを意味します。

どういうことか、詳しく説明しましょう。

自分を後回しにしてしまう人は、人に頼まれると断るのが苦手です。それどころか、頼まれなくても、場の空気を敏感に感じ取り、人を優先してしまいます。

しかし、ときに自分のキャパシティを超えて引き受けてしまうことがあります。そうすると、相手に対するイライラが募り、疲弊感も増してしまいます。

そうならないためにも、時にはNOと言わなくてはなりません。

NOと言ったとき、自分と相手の間には、健全な境界線が引かれます。

普段、あなたが誰かに対して自分を犠牲にしたり、我慢をしたりしているとき、二人の間の境界線は真ん中ではなく、あなた側に偏っている状態です。この状態は、あなたにとっても相手にとってもアンバランスで、健全ではありません。

誰かがあなたに頼みごとをするとき、あなたがYESと言ってくれることへの期待はあるにせよ、あなたが無理をしたり、あなたに負担が大きくかかったり、我慢をしてまで要望に合わせて引き受けてくれることを、相手も望んでいません。

ただ、あなたがはっきりNOと言わないと、相手にはあなたが無理をしているのかどうか伝わりません。

お互いが気持ちよく過ごすためにも、健全な境界線をきちんと引くことが大切です。

境界線を引くというと、冷たいような印象を持つ方がいるかもしれませんが、そんなことはありません。自分軸で生きている人は、常にこの境界線をしっかり引くことができています。自分軸で生きるためには必要なことなのです。

他人軸になっている人は、人との境界線をどこで引いたらいいのかがわからないため、うまく境界線を引けず、相手に押されて自分側に境界線が寄ってしまうことが多くあります。

すると、自分が大変なときでも無理をすることになり、疲弊してしまうのです。

自分の気持ちを優先することを遠慮せずに人と付き合うために、健全な境界線を引くことは必要不可欠です。

次の項目では、自分と相手の間に上手に境界線を引く方法を、事例とともに紹介していきます。

境界線がどちらかに偏ると、
アンバランスで片方に負担がかかることに

「NOと言っても大丈夫」という体験をする

ＩＴ企業に勤めている、ある男性のお話です。

その方は、経験が増えるにつれて、活躍を期待され、声をかけられるプロジェクトも増えてきたと言います。

声をかけられると、心やさしい彼は、本当はあまりやりたくないと思っても、なかなか断ることができません。つい「いいですよ」と言って、仕事を引き受けてしまっていました。

気づいたときには彼のキャパシティを超える仕事量となっており、連日遅くまで残業しても終わらず、身体的にも精神的にも追い詰められた状態で、相談に来られました。

話を聞くと、彼は、「自分の正直な気持ちを言って相手に迷惑をかけたくない」「ほかの人に負担がかかるのは申し訳ない」という思いから、自分の本当の気持ちを抑えていることがわかりました。

そのため、こんな状態になってもなお、仕事を断ることも、今の自分のきつい状況を話して上司や同僚に助けを求めることもできなかったのです。

早速、彼にも、この本で紹介している心の旅のステップを一つひとつ、一緒に行ってもらいました。

子どもの頃の親との関係を振り返ったときに、「迷惑をかけたくない」という思いが強く、我慢していい子で生きてきたことを思い出しました。

「自分ファーストのワーク」では、どんなに仕事が忙しくても整体に行く時間を必ず定期的に取るなどを実践し、体のケアをするようになりました。

こうして自分に意識を向けていったことで、職場でも、少しずつ言いたいことが言えるようになっていったそうです。

ワークを続けて数カ月が経った頃、彼はついに意を決して、上司に「これ以上、今のままの仕事量を続けることが難しいです。自分の担当する業務の見直しをお願いできないでしょうか」と話すことができました。

上司は彼の希望を可能な限り考慮して、仕事量を調整してくれたそうです。また、一緒に働く人たちからも、「大変なときは声をかけて」という言葉をかけてもらったと言います。

「話す前はかなりドキドキで、どう思われるかと心配していましたが、上司が嫌な顔をせずに、自分の話に耳を傾けてくれたので、ほっとしました。会社に迷惑をかけてしまうと思っていたけれど、ＮＯと言っても大丈夫なんだと思いました。また、この話をしたことで、上司が自分にすごく期待してくれていたんだということもわかりました」と話す彼の顔は、見るからにストレスいっぱいだったときと比べ、本来の穏やかさが戻ってきていました。

上司や職場の人たちからのあたたかい声に、今までつらくても、助けを求めず頑張ってきた彼でしたが、「自分から断ったり、助けを求めたりすることで、思ってもみなかった体験ができるんだなと感じた」と、話してくれました。

ＮＯと言うのには、確かに勇気がいるでしょう。

しかし、あなたがＮＯと言うことに対して、相手はあなたが思うほど、あれこれ考えていないことがほとんどです。

でもこれは、実際にＮＯと言ってみないと、知りえないこと、体験できないことでもあります。

他人軸でいる自分から、自分の気持ちを軸にした自分軸へと一歩踏み出そうとするとき、まずはＮＯと言っても大丈夫だと感じられる、今までとは違う体験をするのが効果的です。

最初の一歩は、あなたのほんの少しの勇気から始まります。

誰かのスーパーマンにならなくていい

ある女性は、たくさんの人からあてにされて、頼みごとをたくさんされていましたが、あちらを立てればこちらが立たずで、「もうどうすればいいの？」とわからなくなってしまい、その苦しさから相談に来られました。

自分を優先できない人は責任感が強い人が多く、頼まれごとであったとしても一人で抱え込んでは限界まで頑張ってしまいます。彼女もそうでした。

でも、人はスーパーマンではありませんし、なる必要もありません。

相手から何か頼まれたときに、断るにせよ、引き受けるにせよ、自分の答えに納得していることがとても重要です。納得しているとは、**自分の本当の気持ちをわかっていて、そこに我慢や犠牲がない**ということです。

引き受けたいけれど、全部が無理なときは、自分はここまでならできるが、これ以上はできないということをはっきりさせて、相手へ伝え、判断を仰ぎましょう。

この女性にも、心の旅をステップ1から行ってもらいました。

その中で、すべての人の要望に応えるのは無理だということを認めたとき、これなら引き受けてもよいと思うものと、できないものを仕分けし、できないことは断ることができたと言います。

結果、苦しさから抜けることができたそうです。

また、無理のない状態で引き受けることができるようになり、結果的に自分を優先するための心のゆとりも生まれました。

あなたの体は一つですし、あなたが使える時間も限られています。

誰かの要望や期待に応えるために、あなたの人生があるわけではありません。

あなたの人生はあなたのもの。そのことを忘れないでくださいね。

先に自己完結しない

人と付き合ううえで、自分を優先できるようになる方法の一つが、人に助けを求めることです。

あなたは人にお願いをしようとしても、「迷惑なんじゃないか」「嫌な顔をされるかもしれない」「きっと相手も忙しいだろうから」と、自分の中で勝手に結論を出して、結局、頼まないということが多いのではないでしょうか？

自分を後回しにしてしまう人は、相手や相手の状況を察して、考えを発展させていくのが得意ですが、それが高じて、自分の想像（妄想）の範囲で話を結論づけてしまい、「お願いしてみたら、相手は喜んで引き受けてくれるかもしれない」という可能性について見えなくなってしまっていることが少なくありません。

あるシングルマザーの女性は、近所に住む高齢のお母さんの介護をしていました。お母さんから頼まれ、外出時の付き添いや日常の細々とした用事まで一生懸命こなしていました。

お母さんが求めていることをできる限りはやってあげたい。その一心で頑張ってはいましたが、彼女にはお子さんもいて自分の生活もあるので、身体的にも時間的にも余裕がなく、毎日がヘトヘト。

だんだんと、いろいろ頼んでくるお母さんにイライラするようになり、そんな自分に自己嫌悪を抱くように。子育ても一段落し、これからはもっと自由に、本当にやりたいことをやって生きていきたいと思っているのに、なかなか自分のために時間やエネルギーを使うことができない。そんな状況にもイライラが止まらなくなり、疲弊し切って、相談にみえました。

「自分の親、しかも一人で自由に動けない母の頼みを断るなんて、自分がひどい人間に思えるし、だいたい、自分がやらなかったら、ほかにやる人がいません。兄弟は遠方に住んでいるので、難しいです。だから私がやるしかないし、やってあげたいとも思います。けど、このままでは自分が限界です」とお話しされました。

「私は、誰にも助けを求められない。一人でやるしかない」と自己完結してしまうと、それ以外の可能性が見えなくなってしまうことを彼女にお伝えし、自分の中だけで結論を出すことを一旦やめるよう提案しました。

それ以降、彼女は様々な行動において自己完結してしまっていたことに気づき、「自分が一人で頑張るしかないと思っていたけれど、それ以外の可能性があるなら、模索してみたい」と、人に助けを求めるようになりました。

例えば、これまで彼女は、「近くに自分を助けてくれる人はいない」と思い込んでいたので、実際に助けを求めることを行動に移したことはありませんでした。しかし、彼女は勇気を出して、比較的近いところに住んでいる母方の親族に、お母さんのお世話のことでメールをしたところ、「大変だったね。一人で抱え込んだらダメだよ。これからはなんでも相談してね」と思ってもみなかったあたたかい返事が返ってきて、心がとても軽くなったそうです。

以降、お母さんのお世話を分担してくれることになったと、とても喜んでいました。

あなたが助けを求めれば、手を差し伸べてくれる人は必ずいます。

というより、**本当は今までも大変そうなあなたを見て、手を差し伸べてくれていた人がいたはずです。**

でも、自分の中で、話を自己完結させてしまうと、差し伸べられている手が視界に入らないのです。

周りの見方を変えてみましょう。

自己完結する癖をやめると、それまで気づかなかった周りの人のやさしさや愛を受け取る機会が増えていきますよ。

相手が察してくれることを期待しない

お母さんのお世話を一人でしていた先ほどの女性は、遠方の兄弟が帰省してきた際は、お母さんの外出に付き添ってほしい、トイレの介助をしてほしいなど、自分から具体的にお願いすることができるようになりました。

それまでは、兄弟が帰省してきても、お願いすることを遠慮して、自分でやってしまっていました。

しかし、内心では、自分が言わなくても、兄弟から手伝いを申し出てくれることを期待していて、そうしてこないことにイライラしていたのだそうです。

投影の法則（70ページ）からすれば、いつも相手の状況を見て察している人は、当然、相手も自分の状況を察してこう考えるはず、こういう行動をしてくるはずと思いがちです。

彼女も、「自分だったら、この場では、こう振る舞うのに！」という思いがあり、そのように振る舞わない兄弟に対して、疑問に思ったり、不満が出たり、イライラが募ったりしたのです。

でも、誰もが同じように、相手に気を遣ったり、察したりできるわけではありませんから、言わなくても察してほしい、わかってほしいと思っていると、その期待は裏切られることになってしまいます。わかってくれない、やってくれないと、勝手にがっかりするのは、もったいないことです。

察したり、気を遣ったりはしなくても、頼めば、多くの場合、快く応じてくれます。お願いすることができたときは、相手がお願いしたことをしてくれるか、してくれないかではなく、「自分が助けを求めることができた！」ということに注目し、喜ぶことが大切です。

彼女にも、「『よく言えたね！　すごいね！』と自分に言ってあげてくださいね」とお伝えしました。

勇気を出して誰かにお願いすることができたときは、ぜひ皆さんも頼むことができた自分をねぎらい、褒めてあげてくださいね。

小さいことから助けを求める

心の旅によってお母さんのお世話を身近な人に頼むことができるようになった彼女は後日、嬉しそうにこう話してくれました。

「『みんな、私を助けてくれる!』と思うことができました。助けてくれる人がいたり、一緒に行動したり考えたりしてくれる人がいると、体はもちろんですが、心の負担が全然違いますね。自己完結しないで、自分の気持ちに正直になることの大切さを改めて感じました」

人に頼ることができ、心にも時間にも余裕ができた彼女は、自分が将来やりたいことへつながる学びの場に参加することを決めました。

これまでは考えられなかったことです。

人の気持ちを優先して生きる人生から、自分の気持ちを優先する人生へと、新しい一歩を踏み出したのでした。

一歩踏み出すことで、少しずつかもしれませんが、未来も環境も必ず変わります。勇気を出して、誰かにお願いごとをしたり、助けを求めたりしてみましょう。

「そんなことできない……」と思うかもしれませんが、ステップ1〜4で自分の価値を認め、心を整えることに取り組んできたあなたなら、「誰かにお願いできるかもしれない」という気持ちが少しかもしれませんが出てきているはずです。

なかなか踏み出せないときは、ステップ1〜4を読み返して、ワークを実践してみてくださいね。

まずは、あなたが困っていることを書き出し、誰か助けを求められそうな人、頼みやすい人はいないか、頭を総動員して探してみましょう。

「そんな人なんていない！」というのは、あなたの思い込みです。一旦、その気持ちは横に置いて考えてみてください。家族、親族、友人、仕事上のつながりのほか、行政の窓口やお店なども候補に入るかもしれません。

最初は、助けを求める練習として、できるだけハードルの低い、小さいこと、あなた自身があまり負担に感じないことからお願いしてみるとよいでしょう。

参考までに、クライアントさんたちが実践した事例をご紹介します。

・パソコンの操作でわからないことを教えてほしいと友人にお願いしてみた
・道がわからないときに、自分で調べないで、人に尋ねてみた
・重い荷物を持ってくれないか、旦那さんにお願いしてみた
・ママ友に「こういうとき、どうしてる？」と相談してみた
・店員さんに商品についてより詳しい説明をお願いしてみた

実際に助けを求めるときには、どの部分を助けてほしいのか、相手にどのように助けてほしいのかなど、お願いしたいことを具体的に話すとよいでしょう。

例えば、「○○をやってもらえると助かるんだけど、お願いできる？」「この部分が大変なので、手伝ってほしいのですが」など、相手が何をすべきか、求められていることが何かがわかるように、お願いしたいことを明確にするのです。

そうすると、全部を引き受けられないときに、「これはできるけど、これはちょっ

と難しい」というように、相手も返事がしやすくなります。

このとき、自分と相手の間には健全な境界線が引かれています。


自分を優先することが苦手な人は、このような経験を重ねていくことで、「世界はやさしいところだ」「自分の言いたいことを言っても大丈夫なんだ」という思考へと変わっていきます。


もし、助けを求めて相手に断られたとしても、それは、あなたが嫌われているとか、自分の人格を否定された、相手がひどい人間だということではありません。

ただ単に、今はできない、というだけのことです。

つまり、相手も「自分を優先」しているのです。

相手にもあなたにも、お互いに自分を優先する自由があります。

もし断られたら、「まあいっか」と言って、次をあたりましょう。

図々しい人は嫌いという心理

「図々しいと思われたくない」

「遠慮なしにガツガツいって、嫌われたくない」

「自分の素直な気持ちを伝えて嫌がられたくない」


もし、あなたにこういう思いがあるとしたら、その思いはなぜ起こると思いますか？

私も昔、図々しい人が嫌いでした。あるとき、「なんで、自分は図々しい人が嫌いなんだろう？」と考えてみたら、投影の法則（70ページ）があてはまりました。

私にとって、図々しい人というのは、自分の「欲しい」とか「こうしたい」という気持ちに素直で、それをオープンにそのまま言う人、そしてそのように行動する人のことでした。

誰かに対して、嫌いだと感じたり、腹が立ったりするのは、「そのようにすべきではない」と、自分が抑えて表現しないでいる部分を、相手がまったく抑圧せずに表現しているように感じるからです。

図々しい人、つまり、自分の気持ちを素直に遠慮なく表現している人に対して嫌な感情を抱くのは、実は自分もその人みたいに、表現できるようになりたいと思っているからなのです。

あるクライアントさんは、会社の飲み会の席で、こんな体験をしたそうです。

「自分の好きな唐揚げが、1個だけ残っている。おなかが空いているから、本当は食べたいけれど、ほかにも食べたい人がいるかもしれないからと気を遣い、箸をつけませんでした。

先輩に『食べたら?』と言われたので、『いえいえ、私は大丈夫なので、どうぞ、どうぞ』と遠慮したら、『じゃ、遠慮なく』と言って後輩が〝パクッ〟て。あまりのことに、ちょっと驚きました。『え、それ、あなたが食べるの?』って。

でも、そうやって素直に行動できる後輩は、普段からみんなに可愛いがられていて、ちょっとうらやましいなと思いました」

素直な気持ちを表現している人と接して嫌だなと思ったときは、
「ああ、自分の心が、表現したがっているんだな」
「あの人みたいにもっと素直に、自分の気持ちを表現したいと思っているんだな」
と、受け止めると、葛藤がなくなり、楽になっていきます。

こんなふうに素直に自分の気持ちをオープンにできたらいいな、と思っても、すぐには行動できないかもしれません。

でも、そんな自分を否定したり、責めたりする必要はありません。それもまた今の自分ですから、素直に気持ちをオープンにできなかった自分にもＯＫを出しましょう。

「あんなふうに自分も気持ちを表現したいんだな〜」
と受け止めてあげよう

「我慢」と「犠牲」にさよならをする

自分を優先できないとき、人は「我慢」をして、自分を「犠牲」にしています。

自分を優先するためには、この我慢と犠牲とさよならする必要があります。

まずは、なぜ自分がそのように感じてしまうのかを知ることが大切です。


人は、自分が我慢したり、自分に禁止していることを罪悪感なくやっているように見える人に対しては、「ずるい！」「自分はこんなに我慢しているのに！」と思ったり、「いいな～（でも自分には無理）」と落ち込んだりすると、先にお話ししました。

そんなときは、相手が「あること」を気づかせてくれていると考えましょう。

あることとは、「あなたの中に『自分を優先してはいけない』という思いがあり、それが我慢や犠牲につながっている」ということ。

いつも人を優先している人が、頼みごとをしたときに相手にあっさり断られると、「えっ⁉ 私はいつも人を優先させているのに、あなたは断るわけ⁉」と面食らうかもしれません。

でもこの出来事も、「自分を優先させたいときは、断ってもいいんだよ。自分を優先させることは悪いことではないよ。あなたもしていいんだよ。自由になっていいんだよ」ということをあなたに教えてくれているのです。

どんな人も何かを気づかせてくれる存在であるという考え方を取り入れると、自分が苦手だったり、イラッとしたりする人、うらやましく思う人が、**「自分の中に『こうでなくてはいけない』『こうであるべき』という思い込み、制限や禁止令があるのかもしれない」**ということに気づかせてくれるだけでなく、**「そこから自由になってもいいんじゃない？」**と教えてくれる貴重な人たちになります。

誰かにイラッとしたら、「相手が今、何を自分に気づかせようとしているのか？」「何を教えてくれているのだろうか？」と、一歩引いて眺め、自分の中にどんな「〜すべき」という思いがあるかという点に、意識を向けてみましょう。

ただし、ステップ4で紹介した「感情解放のワーク」（90ページ）が十分にできていないと、そんなふうには思えません。

なかなか相手に対する見方を変えられないときは、「感情解放のワーク」を再度行ってみてくださいね。


我慢や犠牲をしていることに気づいたとき、「自分もこうしたかった」という無意識に押し殺している自分の本当の気持ちにも気づきます。

自分の本当の気持ちに気づいたとき、「本当はあのとき、ああしたかったのに」「自分が我慢するしかなかった」などの怒り、悲しみなどが解放されていき、イラッとする人から学びがあるという考え方も受け入れやすくなります。

本来、誰も犠牲になる必要はありませんし、我慢する必要もありません。自分の本当の気持ちを大切にして生きることができる世界は、我慢や犠牲の必要のない世界です。

我慢や犠牲が癖になっていると、すぐにはやめられないかもしれません。それでも、「我慢したり、犠牲にならなくてもいいんだな」という考え方と、「我慢や犠牲はもうやめたい」という自分の正直な思いがあれば、だんだんとその癖も減っていきます。

「自分の気持ちはこうだけど、あなたは？」と聞いてみる

自分の意見だけを優先するのが心苦しいときは、「自分の気持ちはこうだけど、あなたは？」と、自分の希望を言ったうえで、相手の意見を聞いてみましょう。

この方法を試したクライアントさんが、こんな体験をされました。

「外食で、何を食べたいかと聞かれると、いつも『なんでもいいよ』と言ってしまい、遠慮して自分の希望を言い出せなかったのですが、先日、友人からランチに何を食べたいか聞かれたとき、教えてもらった言い方をしてみました。

ちょっとドキドキしながら、『今日は中華の気分だけど、あなたはどう？』と聞いてみたところ、友人が『私は和食がいいな』と言ったので、『じゃあ、どうしようか？』となり、そこから、お互いに知っているお店を出し合って、結局、二人とも食べたい

ものがあるファミレスに行き、それぞれ希望のものを食べました。

自分の意見だけ言おうとすると気詰まりを覚えますが、この言い方だと、相手の意見も聞けて、そこから会話がしやすいなと感じました。

最近は、この言い方で、少しずつ自分の意見が言えるようになってきて嬉しいです」

相手から質問されるときは、相手もあなたの気持ちを知りたいと思っているということです。社交辞令で聞いているのではないかと思うかもしれませんが、たとえそうだとしても、聞かれているのですから答えてよいのです。

小さいことでかまいません。

少しずつ、自分から発信していくことで、あなたの気持ちにも変化が出てくるはずです。

「すみません」よりも「ありがとう」

「遠慮しすぎ」
「遠慮しなくていいのに」
「意見を言ってくれたほうが助かる」

相手のことを思って遠慮していたら、相手からこんな言葉をかけられて、「素直に受け取っておいたほうがよかったのだろうか？」とモヤモヤと考え込んでしまった、という経験はありませんか？

相手からどう思われるかを気にして、自分を後回しにしてしまうのは、自分を優先することで相手に嫌われたり、不快なことを言われたりして、自分が傷つきたくないという思いが無意識下にあるからです。

一見、相手を優先しているようで、実は自分を守るための防御策なのです。防御するということは、自分の周りにバリアを張り巡らせるようなものですから、当然、相手との間に壁ができます。

本当はもっと相手と仲良くしたいときも、相手との距離がなかなか縮まらない、関係が深まらないと感じるのはこのためです。

周りの人たちが「遠慮しなくていいのに」と言うのは、彼らが差し出している好意を、あなたにもっと受け取ってほしいからです。あなたともっと仲良くなりたいからです。

あなたに遠慮されると、せっかく差し出したのに受け取ってもらえなかった愛が行き場をなくし、寂しく感じます。

気遣ってもらったり、やさしさをもらったりしたときは、「すみません」と申し訳なく思うのではなく、「ありがとう」と言って、彼らの愛を受け取りましょう。素直に受け取ることで、人との間の壁がなくなっていきます。

合言葉は、**「すみません」よりも「ありがとう」**です。

ステップ5では、他人軸ではなく自分軸で人と付き合う方法についてお話ししました。人との間に健全な境界線を引くことで、与えることと受け取ることのバランスが整い、私たちの心のコップの水が枯渇することなく循環していきます。

ステップ6では、自分を優先しようとしたけど、うまくいかなかったというときの対処法について、お話しします。

自分を優先できるようになるためのワーク5

ステップ5では、自分軸で自分の気持ちを尊重しながら、人とどう関わっていくかについて、お話ししました。

以下のワークをやってみましょう。

1. 「NO」と言っても大丈夫という体験をするために、あなたが今、頼まれていること、やることを期待されていると感じること、誘われていることを書き出します。
その中で断りたいものを選び、勇気を出して、断ってみましょう（家族や友人からの依頼・誘い、仕事関係のお付き合いなど）。

2. 今、あなたが一人で抱え込んでいて大変なこと、困っていること、苦手なこと、本当は助けてもらいたいことを書き出します。その中からまずは小さいことを一つ選んで、助けてもらいたい具体的な内容とともに誰かに助けを求めてみましょう。

3. 誰かに意見を聞かれたら、「自分の気持ちはこうだけど、あなたは？」と、自分の考えを言ってみましょう。

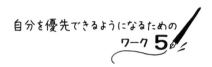

ステップ

6

うまくいかないときの対策

それでも自分の気持ちを優先できないときは

ステップ5では、相手の言動に振り回されずに、自分軸で自分の気持ちを尊重しながら人との関係を築くための考え方や方法をお伝えしました。

ステップ6では、自分を優先するという新たな取り組みをこれからも継続できるように、「取り組んでみたけれど、うまくいかない」と感じたときの考え方をお話ししていきます。


自分を優先しようと実際に行動に移すと、うまくいくときもあれば、そうでないときもあります。

うまくいかないときは、気持ちがくじけそうになったり、モチベーションが下がったりしてしまうこともあるでしょう。

また、今までとは違う、新しいやり方にチャレンジしてみようと思うとき、そこには怖さがあるでしょうし、「うまくいかなかったら、どうしよう」といった思いが出てくるかもしれません。

今まで自分を後回しにしてきた人が、自分を優先しようとしたとき、「やっぱり、遠慮して言いたいことが言えなかった。がっくりくるなあ」「いざとなると、自分の気持ちを優先しようとするより、やっぱり相手の希望に合わせたほうが楽だなあ」「自分の気持ちを優先するのって難しいなあ」など、いろいろな思いが出てくるのは、当然のことです。

あるいは、「自分の気持ちに正直になって、相手の依頼を断ることはできたけど、やっぱり罪悪感を持ってしまう」「勇気を出して自分の希望を言ってみたけれど、結局断られてショックだった……」ということもあるかもしれません。

そのように思ったり、感じたりするのは、決して、「自分がダメだから」ではありません。

「自分を優先できる人」と言うと、いつもポジティブで、ネガティブな感情とは一切無縁な人、というイメージがあるかもしれませんが、違います。

自分を優先できるようになるというのは、ネガティブな思いが一切なくなる、感じなくなるということではなく、自分を優先することで罪悪感などが出てきて感情が揺さぶられたときに、どうしたら自分軸に戻れるかが、自分でわかるということです。

具体的にどのようにしたらいいのかを、このあとお伝えしていきます。

葛藤はただ気づいて認めてあげるだけでよい

自分の気持ちを優先しようとしたけれど、思ったようにできなくて、「やっぱり自分はダメなんだ」「自分には無理」と自分を否定するような気持ちになったり、やってみたけれど、罪悪感が出てしまう。このように心に葛藤が生まれるとき大切なのは、湧いてくる思いに抵抗しないことです。

抵抗しないとは、そう思っている自分を否定しないということ、そう思っている自分を「ダメだな」と決めつけないことです。

これまでもお話ししてきましたが、どんな思いが出てきても、「あ〜、自分は今、○○と思っているんだな」と、ただその思いに気づいて受け止めるようにしましょう。

ある男性は、職場の業務改善につながることを思いついたものの、「この提案をしたら、チームのみんなの仕事を増やしてしまうんじゃないか」「そうしたら、みんなに嫌がられるかもしれない」などと考えてしまい、結局、ミーティングの席で発言できなかったそうです。

こんなときは、「この提案をしたら、みんなの仕事を増やしちゃうって思っているんだね」「そしたら、みんなに嫌われるかもしれないって、思っているんだね」という具合に、自分の心のつぶやきをそのまま、「そうなんだね」「そう思っているんだね」と認めてあげましょう。

自分の気持ちを優先したいけどできない、そんな思いが出てくるたびに、これをひたすら繰り返します。

「また誘ってほしいけど、断ったら、もう次は誘ってもらえないと思っているなあ」

「遠慮したくないと思っているのに、好きなものをどうぞって言われて、やっぱり遠慮してしまったなあ」

「本当は頼みたいのに、相手のことを考えすぎて頼めないって思っているんだなあ」

「やってほしいけどお願いできない。でもやっぱり、やってほしいって思っているんだなあ」

自分の葛藤を、もう一人の自分が、ただそのまま、「そうなんだね」とやさしく受け止めてあげるだけで、葛藤することは少しずつなくなっていきます。

このように自分の思いを否定せず、そのまま受け止めてあげることは、自分に思いやりを持って接することにもつながります。

人は誰しも、完璧ではありません。

得意なこと、不得意なことがあるし、できること、できないことがあります。

どんな自分も責めないということは、自分のどんな思いも否定しないということです。

どんな思いも否定しないということは、自分に愛を向けるということでもあります。

常に、自分への思いやりを忘れずに接してあげるようにしましょう。

過去を判断基準にしない

ステップ1～5までご紹介してきた方法がなかなかうまくいかないときは、自分の中にある様々な「恐れ」にとらわれている可能性があります。

では、恐れの思考は、どんなふうに生み出されるのでしょうか？


人は、他人や物事を判断するとき、「過去」を基準に判断しています。

「過去にこういうことがあった。だから、今回もきっと、こうに違いない」

「過去に私はあんな体験をした。だから、またあのときみたいになったらどうしようと思うと怖い」

「あの人は、過去に私にこういう態度を取った。あの人はそういう人だから、この先も変わらない」

ステップ2でもお話ししましたが、人は過去の経験から思考の癖を身につけ、その思考の癖をもとに、まだ起きていない未来を決めつけてしまいます。

その結果として、目の前の人や状況を前にしたとき、〝未来はまだ起こっていないのに〟、「また、嫌なことや恐いことが起こるかもしれない……」という想像をして、恐れを抱いてしまうのです。

職場で、相手の気持ちや状況を察して、あれこれ考えすぎてしまい、疲れてしまうという女性が、こんな話をしてくれました。

「いつも仕事が終わる時間になると、上司は私たちに向かって『早く帰ろう』とか、『帰っていいよ』と言います。

本当はもう少し、仕事をやってから帰りたいときでも言われた通りに帰っています。その言葉を聞くと、『私はここにいてはいけないのかな』『私は必要とされてないのかな』と思ってしまうんです」

上司がしたことは、「早く帰ろう」「早く帰っていいよ」という言葉を、職場全体にかけただけで、「あなたは必要ないから、早く帰りなさい」とは言っていません。少なくとも、上司に確認していないので、真意はわからないわけです。

しかし、この女性はそれを、「(早く帰れということは)私はここにいてはいけないのかな?」「私は必要とされてないのかな?」と、捉えたのです。

このとき、彼女は、**「恐れのメガネ」**をかけている状態と言えます。

「恐れのメガネ」とは、**過去の経験から身についた自分の思考の癖をもとに、目の前にいる人や物事を見てしまうメガネ**のことです。このメガネをかけているときは、恐れをベースにした視点になっています。

彼女にも心の旅のステップをしてもらったのですが、やはり過去に、「自分は必要とされていない」と思ってしまった出来事があったことがわかりました。

「恐れのメガネ」をかけていると、「今」という、過去とは違う場所・環境にいるのに、過去の記憶というフィルターを通して「今」を見るので、ものの見方や考え方が、過去に戻ってしまうのです。

彼女も、「人(今回の場合は、上司)からどう思われているか気になる」「自分には価値がないのではないか」といった恐れの思考の癖から、自分で想像して、上司の言葉を解釈したのでした。

視点が過去の延長線上にあるということは、過去に縛られているため、「もしかしたら今回は過去の経験とまったく違うことになるかもしれない」という、新しい可能性に気づくことが難しくなります。

過去の経験から得た偏った視点で物事を見ていると、「終業時刻になったから、みんなが帰りやすいように声をかけてくれているのかな。上司なりの気遣いなんだろう。でも、今日は残業して片付けてしまいたい仕事があるから、上司にそのことを言ってみよう」というような、過去の経験とは別の未来が訪れる可能性に考えが及びません。

では、「恐れのメガネ」は、どうしたら外せるのでしょうか。

次の項目で、その方法をお話しします。

「愛のメガネ」で過去の視点から離れる

実は、私たちがかけることのできるメガネには、「恐れのメガネ」のほかに、もう一種類あります。それが、「愛のメガネ」です。

「愛のメガネ」も「恐れのメガネ」も、目には見えません。

イメージとしては、ドラえもんのひみつ道具だと思っていただくと、わかりやすいかもしれません。

「恐れのメガネ」が過去の記憶や自分の先入観、価値観といった、「過去」のフィルターを通して見るのに対し、**「愛のメガネ」は、相手や状況を、過去の自分の思考のパターンとは関係なく、今、この時点での物事として、中立の視点で見ることができます。**

それだけでなく、「愛のメガネ」をかけると、**「恐れのメガネ」では決して見ること**

ができなかったものが見えてきます。

恐れをベースにした視点を持っている人は、過去のネガティブな経験を物事の判断基準にしています。またあんなことが起こったら嫌だな……と望まない未来を恐れては、さらに恐れの思考の癖を強化していきます。

自分を後回しにしてしまう人は、知らず知らずのうちに、「恐れのメガネ」が標準装備されているのです。

自分を優先するためには、「恐れのメガネ」から「愛のメガネ」に意識的にかけ替える必要があります。あなたが、メガネをかけ替えるという動作をしない限り、「恐れのメガネ」は装着されたまま、外すことができません。

「愛のメガネ」へとかけ替えたくなってきましたか？

では早速、「愛のメガネ」へとかけ替える方法をご紹介しましょう。

まず、「愛のメガネ」をイメージしてみるところから始めましょう。

「愛のメガネ」を実践している、あるクライアントさんが教えてくれたイメージがわかりやすいと思いますので、ご紹介します。

目を閉じて、フレームが赤い色のメガネをイメージしてください。

赤色はハートのイメージからきています。レンズの形は、四角くて角が少し丸まっています。

イメージをしたら、可能な方は、それを想像の中で少し観察してください。

色、素材や形は、絶対にこうでなくてはならない、というものはありません。あなたがしっくりくるもので、自分にとって「これが愛のメガネ」と認識できるものなら、ここでお伝えしたものと違っていてもOKです。

次に、「愛のメガネ」を装着する方法をお伝えします。まず、目を閉じて、次の言葉を心の中で唱えます。

「私は、愛のメガネで○○を見たい。愛のメガネ、愛のメガネ、愛のメガネ」

このとき、「『愛のメガネ』で見たい、今までと違う見方をしたい」という気持ちで唱えるとよいでしょう。

愛のメガネと3回言い終わると同時に、「恐れのメガネ」が外れ、「愛のメガネ」が自動的にあなたに装着されます。

「愛のメガネ」をかけることができているかわからなくても、今、自分は「愛のメガ

愛のメガネをイメージしてみよう

ネ」をかけていると、思っていただければよいです。

慣れてきたら、愛のメガネで見たいと思うだけで、すぐ装着されるようになりますが、最初のうちは、意識して装着する段取りを行っていただくほうがよいでしょう。

さあ、これで、準備ＯＫです。

「愛のメガネ」をかけて新しい経験をする

次に、「愛のメガネ」を使うタイミングについてお話しします。

あなたが、相手の言葉や態度に恐れを感じるような体験をしたとき、「今（恐れをベースにした見方）とは別の見方（愛をベースにした見方）をしたい」と願ったら、「愛のメガネ」を装着するタイミングです。

恐れを感じたときに、「愛のメガネ」をかけるのは、最初はなかなか難しいものです。心にいろいろな感情が湧いてきて、それどころではないからです。

まずは、このあとご紹介する事例にあるように、出来事の最中ではなく、落ち着いたあとで、「愛のメガネ」をかけてそのシーンを振り返ってみることからやってみましょう。

時間が経ったあとからでも、「愛のメガネ」をかけて振り返ることで、別の世界が見えてきます。

では、「愛のメガネ」をかけると、相手や状況はどのように見えるのか、事例を一つ、ご紹介します。

上司がきつく、疲れてしまったというある女性のお話です。

「上司がとてもエネルギッシュで、思い通りにならないとすぐに怒ったりします。誰に対してもそうで、その際の物言いもきついです。

あるとき、私が担当している案件の情報が上司に共有できていなかったことから、いらだちをぶつけられました。上司の遠慮のない、きつい言い方に、自分の中に土足で踏み込まれた感じがして、すごく疲れてしまいました。

その場で『愛のメガネ』をかけられなかったので、家に帰って、『愛のメガネ』をかけ、もう一度上司について考えました。

そしたら、『あれ、もしかして、上司のエネルギッシュな気質は、外に出してないだけで、私にもあるかも！』という考えがふと、湧いてきたんです。

そんなことを思っていたら、『上司は、その仕事を大切に思う気持ちがあるから、テンションが上がって、言葉がきつくなってしまうのかもしれないな』という思いが出てきて、自分の上司に対する見方が少し変わりました。それでもやっぱり、自分は言い方には気をつけたいな～とは思いますけど（笑）」

そう、彼女は話してくれました。

その後、３日間くらい上司と話す機会が続いたという彼女は、

「私は、上司の言い方ばかりに目がいっていたようです。でも、大事なのは言い方ではなくて、相手が本当に伝えようとしていることは何か、そこだけにフォーカスしたらいいんだって、上司と話しながら感じました」

と、すがすがしい様子で教えてくれました。


別の女性は、「愛のメガネ」をかけるようになって、いちばん変わったこととして、こんなことを話してくれました。

「相手のことや物事を一面だけで見なくなったことです。メガネと自分の心持ち一つで、相手や物事の違う面が見えてくるようになりました。

『愛のメガネ』をかけると、自分の中から愛があふれてくるように感じます。相手を

見る道具のようでいて、実は、いつもの見方から離れた、違う自分を引き出す道具のような気もしています」

早速、「愛のメガネ」をかけて過去の出来事を見る練習をしてみましょう。

まず、言いたいことが言えなかったり、遠慮しすぎて後悔した出来事や相手を書き出します。

その中の一つを選んで、そのときの様子を目を閉じて思い浮かべたあと、「愛のメガネ」をかけて、もう一度、相手や出来事を見てみましょう。

きっと「恐れのメガネ」で見たときとは別の見え方がするはずです。

「愛のメガネ」に慣れてくると、恐れを感じたそのときに、「愛のメガネ」をかけることができるようになります。

「愛のメガネ」というひみつ道具を使うことによって、あなたがどのような経験をするかは、使ってみてのお楽しみですが、新しい可能性に心を開けることは間違いありません。

「愛のメガネ」がうまくかけられないとき

「愛のメガネ」をかけてみようと努力したけれど、うまくいかないこともあると思います。

それでも、1～2回であきらめず、ぜひ繰り返しトライしてみてください。

緊張感や不安感がほぐれて、ほっとしたり、安心感が出てきたりしたら、「愛のメガネ」がきちんと、かかっているサインです。

でも、うまくかけられているかどうかにこだわりすぎなくてOKです。

いちばん重要なことは、あなたが今までと違う、新しい見方をしてみようと思ったその事実です。その気持ちが、とても大事です。

「愛のメガネをかけたい」と思えたとき、あなたはすでに、恐れの思考から抜け始めているのです。

あなたのメガネを「愛のメガネ」にかけ替えるのは、あなたにしかできません。

ほかの人が無理やり、「恐れのメガネ」を外して「愛のメガネ」をあなたにかけることができないからこそ、あなた自身が「かけたい」と望むことが重要なのです。

「愛のメガネ」をかけてみようという気にならないときは、無理することはありません。

今は、そういう気持ちなのだなと、自分の正直な気持ちをそのまま受け止めてあげましょう。そのうち気が変わったときでいいので、ぜひ試してみてくださいね。

「愛のメガネ」で人や物事を見る経験を積み重ねていくほど、外の世界に対するあなたの安心感も増していきます。

その安心感が、自分を後回しにしないという、あなたの新しい試みを後押ししてくれるでしょう。


ステップ6では、自分を優先しようとしてもうまくいかないときの対策についてお話ししました。

ステップ7では、「自分が幸せになることを許す」方法についてお話しします。

愛のメガネをかけてみようと思ったことが大事

自分を優先できるようになるためのワーク6

ステップ６では、「自分の気持ちを優先する」という取り組みがなかなかうまくいかないときに、助けになる考え方をお話ししました。

以下のワークをやってみましょう。

1．目を閉じて、「愛のメガネ」をイメージしてみましょう。どんな色・形で、どんな素材なのか感じてみましょう。

2．「私は、愛のメガネで見たい。愛のメガネ、愛のメガネ、愛のメガネ」と唱えて、「愛のメガネ」が顔にかかっているところを想像してみましょう。

3．言いたいことが言えなかったり、遠慮しすぎて後悔した出来事や相手について、書き出してみましょう。その中の一つを選んで、そのときの様子を、目を閉じて思い浮かべたあと、「愛のメガネ」をかけて、もう一度、相手や出来事を見てみましょう。

ステップ

7

幸せに
なることを
許す

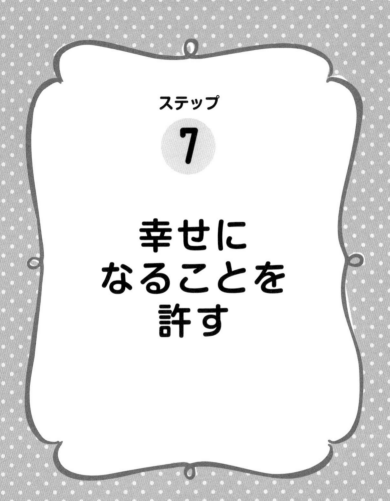

幸せに生きることを自分に許す

ご一緒してきた心の旅も、そろそろゴールが近づいてきました。

ステップ7では、「自分が幸せになることを許す」ということについて、お話しししていきます。

自分を優先するとは、自分の正直な思いに気づき、認めること。本当の気持ちを我慢したり、無視しないことだとお伝えしてきました。

あなたが今、自分を後回しにしてしまうことを思い悩んでいるということは、裏を返せば、抑圧して、胸の中にしまい込んだ本当の自分の思い・気持ちを大切にしたいという気持ちがあるということにほかなりません。

そして、その先には、自分の気持ちを大切にしながら、相手も尊重したいという思い、そして、人ともっとつながっていきたいという願いがあるはずです。

すなわち、自分らしく幸せになりたい、幸せに生きたいという気持ちではないでしょうか。


幸せになることは、私たちの誰もが生来持っている権利です。


「幸せに生きる」と言うと、なんだかとても大きなテーマのように感じるかもしれませんが、人生とは、日々の積み重ねです。

今日1日を幸せに生きることが、幸せな人生を生きることにつながります。

このステップでは、そのために助けとなる考え方をお伝えしていきます。

意識的に選べていれば、どちらでもいい

自分の本当の気持ちを優先できるようになると、実際の行動として、自分を優先するかしないかは、どちらでもよいことに気がつきます。

「本当は、自分はこうしたい」という自分の正直な気持ちを認めたうえでなら、「だけど、今回は人を優先しよう」という決断をしてもストレスにならないということです。

ある女性が実家に帰ったときの体験です。

「先日、久しぶりに帰省したところ、お母さんがいつものように、遠回しに頼みごとをにおわせてきたんです。

私は子どもの頃から家族の中で大人の役割をしてきて、みんなの面倒を見てきました。なので、いつも期待されていることを察しては行動に移し、疲弊していました。

『あ、またいつものパターンにはまっているな』と、お母さんと会話をしながら気がついたのですが、それがわかったうえで、私自身がお母さんのことが気になったので、付き合うことにしました。

今までは、こういうときに自分の休みを奪われた気がしてイライラしていましたが、今回は、自覚したうえで、自分でお母さんを優先することを選べたので、思いのほか、疲れずに頼みごとを終えることができました」

結果としては一見、今までと変わっていないかもしれませんが、彼女はこのとき、自分の正直な気持ちを認めて、自分がどうしたいのかがわかったうえで母親を優先することを選びました。今までと違う体験ができたということです。

「自分が本当はどうしたいのか？」「自分の正直な気持ちは何か？」。それがわかっていれば、状況に応じて、自分を優先するもしないも、自分で選ぶことができます。

また、相手に振り回されるのではなく、自分で自分はどうするかを選べているとき、我慢も犠牲もなくなります。

大切なのは結果ではなく、自分で選ぶことができているかどうかなのです。

自分の正直な気持ちに嘘をつかない

自分の正直な気持ちに嘘をつかないことも、とても大切です。

「いい人」になろうとしたり、自分を優先するときもしないときも、正当な理由やもっともらしい理由を探す必要はありません。

あなたの正直な気持ちをそのまま受け止めてあげましょう。

もし、人を優先しなくてはというプレッシャーを感じる状況にいて、単純に「ものすごく嫌だな」という気持ちや感情が出てきたなら、それをそのまま認めましょう。

先にも言いましたが、見たくない感情やネガティブな思いが出てきたとしても、そこに、善悪の判断や罪悪感を持ち込む必要はありません。感情自体に、いい、悪いはないので、あなた自身の思いを尊重し、いちばん大切にしてあげましょう。

自分を後回しにしてしまうことが癖になっている人は、常に自分の本当の気持ちや感情を抑圧しているので、頭で考えて自分を納得させていることが多く、自分の本当の気持ちや正直な気持ちを認めることに慣れていないかもしれません。

ある女性の事例です。

「夫と外食したとき、どこのお店に入るかで、夫と意見が分かれました。自分の意見を言ったものの、夫が聞き入れる様子もなかったのと、その日、夫は疲れていた様子だったので、彼の希望を優先してお店を決めました。そのときは自分も納得していたつもりでしたが、途中で、やっぱり、こっちのお店じゃないほうがよかった……という気持ちが湧いてきて、お店を出たあともずっとモヤモヤした気持ちを抱えてしまいました」

そう話す彼女に、「彼の希望通りにしたことに、心から納得していなかったのではないですか？」と聞いてみると、「いえ、納得はしていたんです！」と返ってきました。でも、本当に心から納得していたら、モヤモヤした気持ちは出てこないはずです。

さらに話を聞いていくと、彼女は、「自分の希望を言ったけど聞き入れられなかったから、もういいやと思った」「彼は疲れているのだから、もうこれでいい」というふうに、理性で自分を納得させていたことがわかりました。

だから、頭では状況を理解し、大人な振る舞いをしたものの、心は納得しておらず、モヤモヤしてしまったのです。彼女の中の正直な気持ちを彼女自身がちゃんと見てあげられていなかったのです。

そのことを伝えると、

「夫の希望するお店に入ったことは、それでやっぱりよかったんだと思います。ただ、本当はやっぱりもう一つのお店に入りたかった！　という気持ちがどこかであったのに、それをないものとして頭で考えてしまったことが、モヤモヤした気持ちの原因だったんですね。それがわかって、スッキリしました。これからは自分の正直な気持ちに、もっと耳を傾けようと思います」

と、彼女は明るい表情になりました。

このように、頭では納得しているつもりでも、心や気持ちがついていっていないということがあります。

自分ではそんなつもりはなかったとしても、自分の正直な気持ちが無視されているために起きる状態です。

それでいいと思ったはずなのに、やっぱり気持ちがスッキリしないというときは、頭だけで自分を納得させていないか、自分の心は本当はどう感じているか、確認してみるとよいでしょう。

そして、自分の本当の気持ちを受け止めるというステップを踏んでから、行動しましょう。

ステップ4でご紹介した「自分ファースト」のワーク（109ページ）は、自分の正直な気持ちを受け取るよい訓練になりますので、自分の正直な気持ちがよくわからないないなという方は、ぜひ続けてみてくださいね。

プロセスを褒める

心の旅のステップをクライアントさんに実践していただくと、「自分を優先することができて、今までとは違った体験ができました！　嬉しいです！」という報告のあと、「この前はできたのに、今回は自分を優先できなくて、前と同じことの繰り返しになってしまいました。がっくりです。落ち込みます……」という話を聞くことがよくあります。

「やっぱりダメなんだ」と自分で自分の評価を落としてしまうのですが、そのようなときにやっていただきたいのが、**プロセスを褒める**ことです。

人の成長は直線ではなく、螺旋《らせん》階段のように進むという考え方があります。

特に、新しいものの見方、行動が定着するまでは、古い領域と新しい領域を頻繁に行ったりきたりします。行きつ戻りつ進むのが当然なのです。

不安や焦りにとらわれたときは、これまで歩んできた心の旅のプロセスをよく振り返ってみてください。きっと、できていることもあるはずです。

「自分は全然変わっていない気がする」と嘆いていた女性には、本当に何も変化していないのかを自覚してもらうため、あることをやってもらいました。

自分を優先できないと悩んでいた当時をゼロとしたら、100を最高点として、「自分を優先している度合い」「自分の心が喜ぶことをやっている度合い」について、今は、プラスいくつくらい（例えば、プラス20、プラス50など）になったと感じるかを考えてもらったのです。

すると彼女は、ワークに取り組み始めたときとは「自分の考え方がずいぶん変わっている」ことがわかったそうです。

「以前は、人付き合いで、ずいぶん無理をしていました。今はちょっと違うなと思う付き合いはやめられるようになり、自由度が高まりました」と話す彼女の言葉を聞いて、「それってとっても大きな変化ですよね？」とお話ししました。

「ナイナイ症候群」（81ページ）の項目でお話ししたように、人は「ない」を探すのが得意なので、一度でも自分を優先できないことがあると、つい「ない」ことに目を向けてしまいます。

でも、ちゃんと振り返ってみると、自覚していないだけで、自分が思うよりも案外変化していたということはよくあります。

ちょっとした変化でよいので、ぜひ、自分で積極的に探して、認めてあげましょう。


心の旅を通して自分を優先することを楽しめるようになった人は、自分に注意を向け、自分の小さな変化や進歩を認識し、喜ぶことができます。

その結果、できている事実が自信に変わり、やる気も増すので、ますます自分を優先することができるようになっていきます。

一方で、楽しめない人は、自分の頑張りや小さい進歩を認められない人と言えるかもしれません。このような人は、自分に対する期待値が高い可能性があります。

客観的に見たら実はかなりできているのに、もともとの自分の期待値が高いために、「まだまだ」と自分に対して厳しい評価をしているのです。でもそれでは、いつまで経っても自分を優先できるようになりません。

自分が納得するくらい自分を優先できるようになったときに、初めて自分を褒めるのではなく、すでにあるはずの小さい変化と、変化へのプロセスを歩んでいる自分の「今」をちゃんと見てあげて、褒めてあげましょう。

プロセスを褒めるとは、何かができるようになったこと、できたことだけに注目するのではありません。

むしろ、できていてもできていなくても、やろうとしている姿勢そのものや取り組みたいという気持ちがあることが、もう十分褒められるポイントなのです。

プロセスを認められるようになると、小さくても毎日変化し、成長している自分を感じられるようになっていきます。

変化している最中は、自分の変化には気づきにくいものです。

だからこそ、何を達成したかではなく、そのプロセスに注目し、頑張っている自分を褒めるとよいでしょう。

今はまだ、そう思えなくても、「ああ、私、結構変わったじゃない」と思えるときが、必ずきます。そのときを楽しみに、一歩一歩、歩みを進めていきましょう。

信頼を前提にする

私たちの心のコップの水（68ページ）がうまく循環するような、幸せな関係を人と築くために、とても助けとなる心の在り方は、**「信頼する」**ことです。

信頼とは字のごとく、「信じて頼ること」「頼り、信じること」です。

自分を優先するときの「信頼」とは、「自分の本当の気持ちを認め、優先しても大丈夫」だと信じることです。

また、「自分も相手も、弱い人、ダメな人、力のない人ではない」という前提で考えるということでもあります。

イメージがつかめない人もいるかもしれませんね。

どういうことか、お話ししましょう。

例えば、誰かに何かを頼まれたとき、自分を後回しにしてしまう理由として、「断ったら相手が困るだろうと思って、断れない」というものがありますが、これは「信頼」という視点から見ると、相手を信頼していないということになります。

相手は頼んでいるわけですから、もちろんやってもらいたいという期待もありますし、場合によっては暗黙の了解のように「やってくれるよね」という雰囲気で言ってくるかもしれません。

でも、仮に断ったとしても、本当にそのことをやる必要があるならば、相手はなんとかして別のやり方を探すものです。

代わりに誰かほかの人にあたるかもしれないし、スケジュール自体や内容を変えるかもしれません。

「相手は、私が断ったら対処ができないような弱い人ではなく、なんとかする力がある」。そのような前提で相手を見ることが、相手を信頼するということです。

ステップ5で「NOと言っても大丈夫」とお話ししましたが、あなたがNOと言っても大丈夫なだけでなく、頼んだほうもNOと言われても大丈夫なのです。

ただし、相手があなたに依存的な場合、断ったら、泣きつかれたり、嫌味を言われたりすることもあります。

それで心が揺れたときは、ステップ5「自分軸で人と付き合う」を読み返してください。相手のそのような態度に引きずられる必要がないのだということを思い出すことができるはずです。

自分の本当の気持ちを優先するとき、相手への、そして自分への信頼を前提にすることで、外の世界に対する信頼が自然と育っていきます。

人は誰でも、幸せに生きられるだけの力が本来あります。

心が折れそうになったときには、疑いや心配を自分やほかの人に向けるよりも、その力を信頼してみようと、思い出してください。

例えば、無条件に信頼してくれる友人がいたら、とても心強いですよね？

あなた自身が、あなたを無条件に信頼してあげる友人になってください。

信頼することは、あなたに強さをもたらします。

相手を信頼すると自分を優先することができる

未来の視点を持つ

自分を優先できるようになってくると、本当に自分がしたいこと、どう生きたいか、どんな自分になりたいかといったことに自然と意識が向いてきます。

しかし、自分よりも人を優先してきた期間が長いと、こうした質問の答えはなかなか出てこないかもしれません。

実際、クライアントさんに「今、問題だと思っていること（自分を優先できないことも含む）が全部解決したとしたら、どう生きたいですか？」と聞くと、「まったくイメージが湧かない」「わからない」と言う人が多くいます。

でもそれは、今わからなくなっているだけであったり、今までそんなことを考える余裕がなかっただけです。

本当は「こんな人生を送りたい」という思いがないわけではありません。

心の奥にしまった思いに刺激を与え、自分を優先できるようになった先の、未来の自分をイメージしてみましょう。

注意していただきたい点は、**自分を優先できるようになった視点でイメージする**ということです。

自分だったら、次の質問にどう答えるか考えましょう。

答えるときは想像力を思い切り使って、深刻にならずに楽しんでください。

人に言うのは恥ずかしい、誰かに言ったら鼻で笑われるかもしれない……と思うような答えが、あなたの本当の思いかもしれません。

自分らしく生きることは、自分の本当の思いに触れて生きることです。

自分の思いに正直になって思いをめぐらせて答えを探してみましょう。

では、質問です。

自分を優先できるようになったあなたが、

・喜びや幸せを感じる毎日の過ごし方はどんなものでしょうか?

・いちばん大切にしたいことは何ですか?

・後悔したくないことは何ですか？
・生きたいのはどんな自分ですか？

もし、あまり答えられなかった場合でも、自分を優先していると、いずれ答えが見つかりますので、心配いりません。

少し時間が経ったら、またこの質問を自分に問いかけてみましょう。

「こんな人生を送りたい」という未来の視点を持つことは、自分らしく生きるうえで、大きな活力になります。

ぜひ一度、考えてみてください。

幸せになるのに罪悪感はいらない

自分を優先できるようになってくると、だんだんと自分の希望を叶えられるようになってきます。

今までちょっとしたことでも自分の気持ちを我慢させてきた人も、少しずつ自分のやってみたいことをできるようになっていきます。

そのときに足を引っ張りやすいのが、「罪悪感」です。

ある男性は、自分より人を優先し、そのために職場でもよく板挟みになってストレスフルの状態にいました。

彼は、心の旅のワークに取り組み、自分を優先できるようになりました。その中で、「自分は本当はどう生きたいのか?」「自分は何をしたいのか?」について、よく考えるようになったそうです。

しばらくぶりに彼に会ったとき、前から欲しかったちょっと高めのロードバイクを購入し、そのバイクで通勤していると教えてくれました。

朝、お気に入りのロードバイクで気持ちよく楽しい気分で出社すると、横を疲れた様子でスタッフが出勤してくるそうです。その様子を見て、「なんだか自分だけ、こんな楽しい思いをして申し訳ないなという気分になってしまった」とちょっと苦笑いをしていました。


こんなふうに、自分を後回しにしていた人が自分を優先し出すと、必ずと言っていいほど罪悪感が出てきます。

でも、罪悪感に負けて、来た道を戻ってしまっては何も変わりません。

罪悪感に足を引っ張られそうになったときは、「あ〜、自分はなんか申し訳ないって感じてるんだなぁ」「罪悪感があるんだなぁ」と、ただその思いを、抵抗せずに受け止めるだけで大丈夫です。

自分の正直な思いを認めたら、また自分らしく生きる道を歩き出しましょう。

ロードバイクの彼には、罪悪感があることをそのまま受け止めてあげるようお話ししました。すると、会うたびに力が抜けて穏やかさが増していきました。同時に、職場でのストレスも軽減していったそうです。

最初にお会いしたときは自分の感情を抑圧する「我慢の人」だった彼が、自分のために高い嗜好品とも言えるロードバイクを買うことを自分に許し、それに乗って颯爽《さっそう》と通勤していると楽しそうに話す姿を見て、今までとは違う、新しい景色を見ているのだなと感じました。

人はみんな、自分の気持ちに正直に生きたいし、幸せになりたいものです。

でも、今の環境では許されないと思い込んでいる人、時間が、お金が、家族が、仕事が、社会が……と、いろいろな理由を見つけては我慢している人、できないとあきらめている人、動きたいのに動けない人はたくさんいるのではないでしょうか。

かつての私、そしてこの心の旅に出発する前のあなたがそうだったように。

自分を優先する生き方を始めたからといって、未来が突然、劇的に変わるわけではありません。

変化はちょっとずつ表れます。あなたがふと気づいたときには、こんなにも見える景色が、以前と変わっていたんだと驚くことになるでしょう。

自分の本当の気持ちを優先して大切にすることは、自分勝手なわがままではありません。

あなたは幸せになっていいんです。

自分を優先できたときも、できなかったときも、あなたの価値は変わりません。

どうぞ、そのことを忘れないでくださいね。

心の旅を終えたあなたには、きっと自分らしく生きることができる、楽しい毎日が待っていることでしょう。

自分を優先できるようになるためのワーク7

ステップ7では、本当の自分の気持ちを思い出し、自分らしく幸せに生きるためのヒントをお話ししました。

以下のワークをやってみましょう。

1. 自分が喜びや幸せを感じる毎日の過ごし方はどんなものでしょうか？　自分がどんな風に生きたいか、自由に想像を膨らませて、書き出してみましょう。

2. 自分がいちばん大切にしたいことは何ですか？　後悔したくないことは何ですか？　書き出してみましょう。

3. 今までやりたくてもできなかったこと、してこなかったことで、「やっぱりやりたい！」と思うことをすべて書き出しましょう。小さいことから大きいことまで、判断せずに書き出してください。
書き出したリストから、自分のために叶えられそうなものを選び、行動に移してみましょう。小さいことからスタートするのがコツです。まずは一つでも二つでもいいので、自分の思いを叶えてあげましょう。

エピローグ

本書を手に取っていただき、ありがとうございます。

そして、心の旅をご一緒してくださった皆さま、ありがとうございます。

ご紹介した7つのステップを通して、何かしらの変化を感じられた方も、そうでない方もいるかもしれません。

あるいは、心の旅を途中で挫折してしまった方もいらっしゃるかもしれませんね。けれど、そのことを自分はダメなんだと責める材料にしたり、罪悪感を持つ必要はまったくありません。

心の旅のタイミングは人それぞれ。また、あなたのタイミングで始めてみると違った結果が出るかもしれません。

この本での心の旅はこれで終了しますが、新しいあなたの人生はここからが新しいスタートです。

各ステップの最後にワークをいくつか用意しましたが、その中で習慣になるまで続けていただきたいものがあります。

「自分ファーストのワーク」と「感謝のワーク」です。

この二つのどちらか一つだけでもよいので、コツコツと続けていただくと、変化を感じやすいでしょう。


先日、心の旅をしたあるクライアントさんに、約1年ぶりにお会いしました。

メールでのやりとりはありましたが、直接お会いしたのは久しぶりでした。

以前より明らかに雰囲気も声のトーンも明るくなり、目の輝きも増して、すごく変化しているのが感じられました。

初めてお会いしたとき、彼女は典型的な「人を優先して自分を後回しにしてしまう人」でした。

「今でも絵に描いたような幸せを求めてしまったり、自分はダメだなと思って気落ちしてしまうときもあるけれど、今は、感謝のワークのおかげで、日々の小さなことに感謝できるようになりました。

前から独立して仕事をしたいと思っていたんですけど、やっと勇気が出て、ついに踏み出すことができたんです。実は新オフィスの物件も決まって、独立へと動き出しています！」

と話す彼女は、人を優先しすぎることで心も体も疲れ切り、声も暗かった、初めて会ったときとはまるで別人でした。

彼女は出会った当時、仕事を減らしたいと言いながら、経済的なことや一度辞めるともう次の仕事がなくなるのではないかという恐れから、我慢して遅くまで働く日々で、なかなか自分の気持ちを優先できませんでした。

「自分の内面が変わっていくと、こんなにも人生が変わっていくのだなぁ」と、彼女の話を聞きながら、改めて誰もが持つ心の力に思いを馳せた日でした。

究極の自分ファーストは、自分の本当の気持ちを大切にし、自分の人生を他人に遠慮することなく生きることだと、私は考えています。

そう、あなたの人生の主導権は、あなたにあるのです。

私も昔はつらく、苦しい日々を送っていましたが、心の旅をして元気になりました。

今の私は、自分の暗黒史（笑）も、灰色がかって見えた時代も、すべてギュッとやさしく抱きしめて、受け止めてあげられるようになりました。

もう何も問題が起こらないとか、「人生バラ色！」ということではないですし、私が聖人君子のようになったわけでもありません。

ただ、自分の正直な気持ちを大切にしていいのだということ、できることやできないこと、性格、感じ方などは人と違っていていいのだということ、自分は自分の人生を思い切り生きればよいのだということが腑に落ちたということです。

そう思ったとき、自分の資質や才能が存分に発揮できるような、自分のためだけの人生が誰にでも用意されているということが、わかるようになります。


この先、うまくいっていると思えるときもあれば、将来を思って不安になったり、思うようにいかなくて落ち込んだりすることもあるでしょう。

そんなときは、**「みんなに助けてもらおう」**と、つぶやいてみてください。

そして迷ったときや気持ちが沈んだときなどは、いつでもこの本に戻ってきてください。

いつでも、ともに、同じ道を歩いている仲間がいることを忘れないでくださいね。

私も、まだ旅の途中であり、皆さん、同じ旅路を行く一人です。

道中に用意されているたくさんの愛と喜びを受け取りながら、ともに歩んでいきましょう。


この本を読んだ今でもすごく悩んでいて、とてもワークを行おうとは思えないという方もいるかもしれません。

あるいは、たくさんの愛と喜びがあるなんて信じられない、と思う方もいるでしょう。

でも、あなたはその悩みの場所に一生いるわけではありません。

夜は、必ず明けます。

信じられないかもしれませんが、これは真実です。

私も、まさか今のように心が穏やかになり、こうして人のお役に立てたらと本を書くようになる日がくるなんて、思ってもみませんでした。

でも、実際に今、毎日がとても生きやすく、幸せです。

信じることができなくても、もしあなたが今苦しいのなら、やはりワークに取り組んでみていただきたいなと思います。

自分の心に従い、自分らしい人生を遠慮なく生きたいと願う人たちに、この本が少しでもお役に立てば、嬉しいです。

最後になりましたが、この本を一緒に世に送りだしてくださった、あさ出版の皆さまと、いつも温かく見守り応援してくれる家族、仲間たち、多くの示唆を与えてくださるクライアントの皆さま、そして読者の皆さまに、心から御礼申し上げます。

積田美也子

著者紹介

積田美也子（つみた・みやこ）

心理カウンセラー、クリスタルボウル奏者。

慶應義塾大学法学部政治学科卒。大学卒業後、金融機関、国内外の女性の起業支援、フェアトレード事業に携わる。仕事面は充実していたものの、幼少の頃より感じていた漠然とした孤独感、疎外感がどうしてもぬぐいきれず、精神世界の探求を続け、様々なスピリチュアルや心理の学びを重ねる。『奇跡のコース』("A Course in Miracles")に出会い、それまでの疑問が解決するのを体験すると同時に、人生が劇的に好転する。「喜びで生きる体験」をわかちあいたいとの想いから、のべ3,500人以上に『奇跡のコース』の世界観をもとにしたカウンセリングセッション、講座等を行う。「想像を超える自分を生き、喜びに満ちた人生を歩む」ためのサポートをすることをミッションとしている。

訳書に、『今まででいちばんやさしい「奇跡のコース」』『続　今まででいちばんやさしい「奇跡のコース」』（アラン・コーエン著、フォレスト出版）。

オフィシャルサイト：http://acimsalon.com

「つい自分《じぶん》を後回《あとまわ》しにしてしまう」が変《か》わる本《ほん》　〈検印省略〉

2020年　1　月　18　日　第　1　刷発行

著　者――積田 美也子（つみた・みやこ）
発行者――佐藤 和夫

発行所――株式会社あさ出版
〒171-0022 東京都豊島区南池袋 2-9-9 第一池袋ホワイトビル 6F
電　話　03 (3983) 3225 (販売)
　　　　03 (3983) 3227 (編集)
F A X　03 (3983) 3226
U R L　http://www.asa21.com/
E-mail　info@asa21.com
振　替　00160-1-720619

印刷・製本　神谷印刷（株）

facebook　http://www.facebook.com/asapublishing
twitter　http://twitter.com/asapublishing

©Miyako Tsumita 2020 Printed in Japan
ISBN978-4-86667-177-2 C0030

本書を無断で複写複製（電子化を含む）することは、著作権法上の例外を除き、禁じられています。また、本書を代行業者等の第三者に依頼してスキャンやデジタル化することは、たとえ個人や家庭内の利用であっても一切認められていません。乱丁本・落丁本はお取替え致します。

★あさ出版好評既刊★

受援力を身につける
「つらいのに頼れない」が消える本

吉田穂波 著
四六判　定価1,300円+税

メディアで話題

★ あさ出版好評既刊 ★

敏感すぎるあなたが7日間で自己肯定感をあげる方法

根本裕幸 著

四六判　定価1,300円＋税

5万部突破